国家级职业教育规划教材
全国中等职业技术学校饭店服务专业教材

GUOJIAJI ZHIYEJIAOYU GUIHUA JIAOCAI

方宁 主编

（第三版）

前厅服务

人力资源社会保障部教材办公室 组织编写

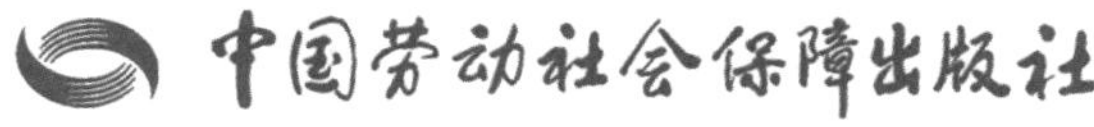

中国劳动社会保障出版社

简介

本教材介绍了前厅部的基础知识，讲解了客房预订和前厅接待的程序和方法，阐述了前厅服务的类型和方式，介绍了收银结账服务的工作程序，并对宾客关系管理和信息管理做了说明。教材文字简练、规范，工作方法和过程表述细致，适于中等职业技术学校教学使用。

本教材由方宁主编，雅杰审稿。

图书在版编目（CIP）数据

前厅服务 / 方宁主编. —3版.—北京: 中国劳动社会保障出版社，2016
全国中等职业技术学校饭店服务专业教材
ISBN 978-7-5167-2523-8

Ⅰ. ①前…　Ⅱ. ①方…　Ⅲ. ①饭店－商业服务－中等专业学校－教材
Ⅳ. ①F719.2

中国版本图书馆CIP数据核字（2016）第128372号

中国劳动社会保障出版社出版发行

（北京市惠新东街1号　邮政编码：100029）

*

三河市华骏印务包装有限公司印刷装订　新华书店经销

787毫米×1092毫米　16开本　9.5印张　165千字
2016年6月第3版　2024年7月第10次印刷

定价：19.00 元

营销中心电话：400-606-6496
出版社网址：http://www.class.com.cn
http://jg.class.com.cn

Preface 前言

全国中等职业技术学校饭店服务专业教材自出版至今已有二十年，在此期间，我们密切关注行业的发展以及职业学校教学需求的变化，先后对教材进行了两次修订和增补开发，使得教材内容不断更新，体系逐步完善。

在新一轮的教材修订工作中，我们收集饭店企业对于技能型人才的具体要求以及学校使用教材的反馈意见，组织骨干教师与行业、企业的专家进行充分研讨，确定重点做好以下几方面工作：

◆更新教材内容　根据饭店企业的发展变化，补充有关饭店管理的最新理念，以及在线预订、智能系统等互联网时代出现的新方法、新技术，更新与饭店及旅游相关的人文信息，使教材内容更加具有前瞻性。进一步加大技能训练的比重，在前厅服务、客房服务、餐厅服务、康乐服务等主要技能课教材中，更多地加入实践案例和操作指导，有助于学校开展一体化教学。同时，将职业道德、服务意识、礼仪规范等有机融入到教学内容、课堂问答、课后训练等各环节中，以加强对学生职业素质的培养。

◆提升教材表现力　通过设置“案例分析”“知识链接”“服务提示”等不同栏目，增加教材的亲和力，激发学生的学习兴趣。同时，尽可能多地以图表代替冗长的文字叙述，使教材更加生动直观，易于学习。

◆加强立体化资源建设　将习题册修订与教材修订同步进行，同时补充开发配套的电子课件。习题册答案及电子课件可登陆 www.class.com.cn，搜索相应的书目，在相关资源中下载。

本套教材的编写得到了有关省市人力资源和社会保障部门以及一批中等职业技术学校的大力支持，教材的编审人员做了大量的工作，在此，我们表示衷心的感谢！同时，恳切希望广大读者对教材提出宝贵的意见和建议。

人力资源社会保障部教材办公室

Contents 目录

第一章 前厅部概述

走进一家饭店，首先映入眼帘的是彬彬有礼的门童、富丽堂皇的大堂、标准美观的前台和热情亲切的接待员。这些给人留下美好的第一印象的人和物都属于饭店的前厅部。前厅部被称为整个饭店的“神经中枢”，有着不容忽视的地位和作用。

学习目标

☆了解前厅部的地位及工作任务。

☆了解前厅部的组织结构及其设置原则。

☆掌握前厅部管理层和各班组的工作职能。

☆掌握前厅部员工的素质要求以及前厅主管的素质与职责。

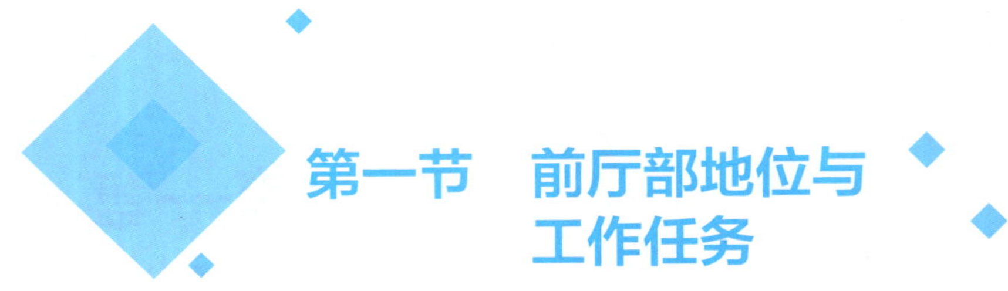

第一节 前厅部地位与工作任务

饭店前厅部通常设于客人过往频繁的大厅内，代表整个饭店向客人提供客房销售、入住登记及账务处理等各项服务，是一切服务的协调中心，是联络饭店前台和后台的纽带。

一、前厅部地位

1．前厅部是饭店的营业窗口和形象代表

前厅部往往是饭店最先与客人接触的部门，因此它直接影响了客人对饭店的第一印象。有人把前厅称为饭店的“门脸”，这张脸是否符合顾客的期望，不仅取决于前厅大堂的设计、装饰、布置和氛围等，更取决于前厅部员工的精神面貌、服务态度、服务技巧和工作效率等。

2．前厅部是饭店业务活动的中心

客房是饭店最主要的产品，前厅部通过客房的销售来带动饭店其他部门的经营活动。为此，前厅部积极开展客房预订业务，为抵店的客人办理登记入住手续及安排住房，积极宣传和推销饭店的各种产品。同时，前厅部还要及时地将客源、客情、客人需求及投诉等各种信息通报有关部门，共同协调全饭店的对客服务工作，以确保服务工作的效率和质量。

前厅部自始至终是为客人服务的中心，是客人与饭店联络的纽带。前厅部人员为客人提供的服务，从客人抵店前的预订、入住，直至客人结账，建立客史档案，贯穿于客人与饭店交易往来的全过程。

3．前厅部是饭店管理机构的代表

前厅部是饭店的神经中枢，在客人心目中它是饭店管理机构的代表。客人入住登记在前厅、离店结算在前厅，客人遇到困难寻求帮助找前厅，客人感到不满时投诉也找前厅。

前厅工作人员的言语举止将会给客人留下深刻的第一印象。如果前厅工作人员能以彬彬有礼的态度待客，以娴熟的技巧为客人提供服务，妥善地处理客人的投诉，认真有效地帮助客人解决疑难问题，那么客人对饭店的其他服务也会感到放心和满意。反之，会影响客人对其他服务质量的印象。

4．前厅部是饭店管理机构的参谋和助手

作为饭店业务活动的中心，前厅部能收集到有关整个饭店经营管理的各种信息，并对这些信息进行认真的整理和分析，每日或定期向饭店管理机构提供真实反映饭店经营管理情况的数据和报表。前厅部还定期向饭店管理机构提供咨询意见，作为制订和调整饭店计划和经营策略的参考依据。

二、前厅部工作任务

1．销售客房

客房收入是饭店收入最重要的组成部分。在一个饭店中除了销售部以外，推销客房的工作主要由前厅部的预订处和前台接待负责。前厅部推销客房数量的多与少，达成价格的高与低，直接影响着饭店的客房收入，从而影响到饭店的总收入；而住店人数的多少和消费水平的高低，也间接地影响着饭店餐厅、酒吧等收入。所以销售客房是前厅部的首要任务。

知识链接

为什么说客房收入是饭店收入最重要的组成部分？

据国家旅游局统计，在2013年第四季度，全国11 895家星级饭店第四季度的营业收入总计为592.32亿元，其中客房收入为256.95亿元，占营业收入的43.38%，是比重最大的一个部分。

2．处理订房和接待业务

前厅部的预订处要24小时为客人提供预订服务，及时满足和处理客人的订房要求。前台不仅要接待住店客人，为他们办理住店手续，还要接待前来饭店消费的其他客人以及来访客人。

3．提供其他附加服务

现代饭店的前厅部不仅要帮客人开房，还要从接待的细节满足客人的其他需求，提供礼宾服务、商务中心服务、外币兑换服务等各项附加服务。前厅部的礼宾服务包括在机场、车站接送客人服务，在门口迎宾服务，帮客人搬运行李服务，出租车服务，问讯服务和行李寄存服务等。

4．信息管理

前厅部要负责处理和传递的信息包括：

（1）客账管理

前厅部要为住客客人建立账户，完成登账、转账、夜审和结账等工作。

（2）房态控制

客房房态由前台控制，准确的房态控制有利于保障客房利用率和服务质量。

（3）客史档案管理

前厅部要负责收集、整理和加工客史档案，并传递给其他营业部门。

5．协调对客服务

前厅部要向有关部门下达各项业务指令，然后协调各部门解决执行指令过程中遇到的新问题，联络各部门为客人提供优质服务。

第二节　前厅部组织结构

前厅部的组织结构要根据饭店的类型、规模、等级、管理模式、客源特点等方面因素进行设置。总之，前厅部组织结构的设置应既能保证前厅部的运转顺畅，又能满足高效率、低成本的要求。

一、前厅部组织结构的设置原则

1．量体裁衣

前厅部组织结构的设置，主要是根据饭店规模大小、经营特点及管理方式而定。一般大中型饭店的前厅部均单独设置（见图 1—1 和图 1—2），但也有一些饭店设客房总监，前厅部则归属其内，但仍为部门建制。小型饭店里一般不单独设立前厅部，其业务归客房部负责（见图 1—3）。

2．分工明确

前厅部应明确各岗位的工作职责和上下级的隶属关系，防止出现职能的空缺、重叠或互相推诿的现象。

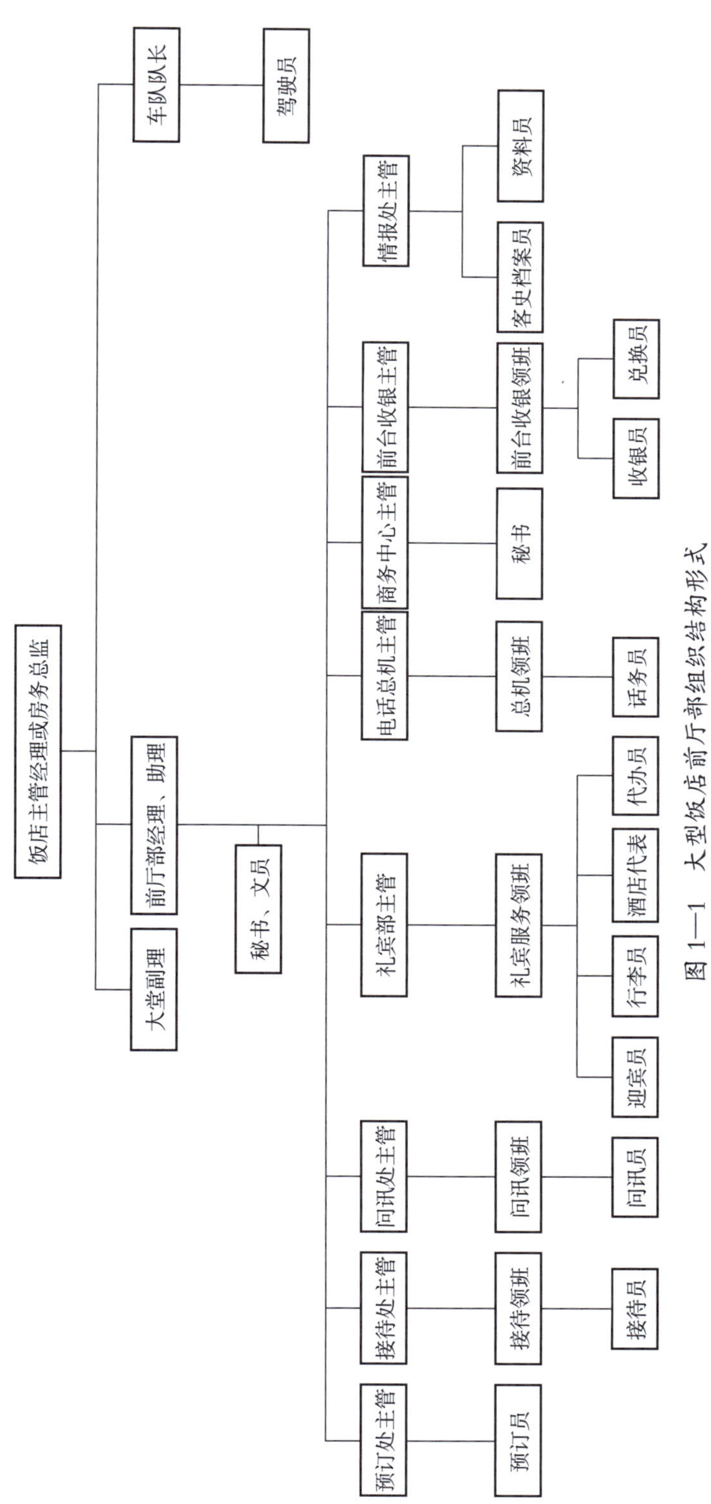

图 1—1　大型饭店前厅部组织结构形式

3．结构精简

前厅部要“因事设人”，不能“因人设事”“因人设岗”，防止出现机构臃肿、人浮于事的现象。另外，结构精简的同时要注意防止职能空缺。

二、前厅部组织结构形式

前厅部的工作任务是通过其内部各机构分工协作共同完成的。如前所述，饭店规模不同，前厅业务分工也不同，大型、中型、小型饭店的前厅部组织结构如图 1—1 至图 1—3 所示。

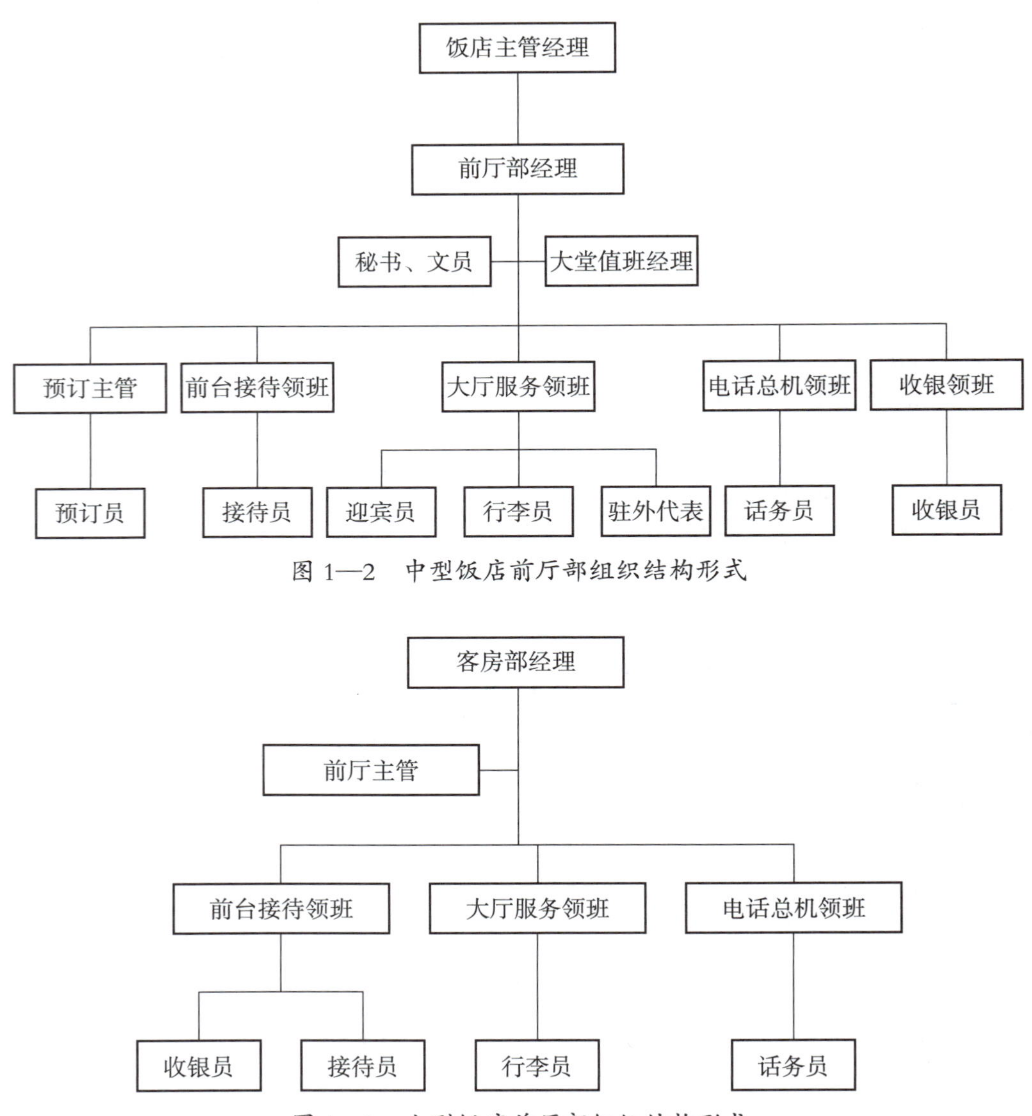

图 1—2　中型饭店前厅部组织结构形式

图 1—3　小型饭店前厅部组织结构形式

三、管理层和各班组的工作职能

1．前厅部经理

前厅部经理是前厅运转的指挥者，全面负责前厅部的经营管理工作。

2．大堂副理

大堂副理负责协调饭店的对客服务及对客关系，代表总经理全权处理客人投诉及客人在饭店中需要解决的复杂事务。

3．各部门主管

各部门主管掌握前厅营业情况，如客人到（离）店人数、客房出租率、客房状况、订房情况等；协调前厅与客房、餐饮以及工程维修部门的关系；督导前厅部的服务态度、服务方式和服务质量等；协助前厅经理做好员工的技术培训与业务考核工作。

4．班组领班

班组领班协助前台主管好日常工作；认真处理客人的投诉，遇到不能解决的问题要及时向上级汇报；确保入住登记做到详细、准确、清晰，确保准确控制房间状态；每天定期检查邮件、留言，确保其发送、存放、记录准确无误。

知识链接

值班经理

为了确保前厅经营的顺利进行，前厅部还设值班经理。这样，前厅部每时每刻都有经理主管，任何重要问题都能及时得到解决或反馈。值班经理具有前厅经理的职责与权力，当前厅经理缺席时，他可以代理主持前厅工作。

5．前厅部各班组的工作职能（见表 1—1）

表 1—1　前厅部各班组的工作职能

班组名称	工作职能
预订组	①根据客人的要求，为其提供与其需求相对应的客房 ②全天 24 小时为客人提供预订服务，及时处理客人的订房要求 ③及时记录和存储预订资料 ④做好客人抵达前的准备工作

续表

班组名称	工作职能
接待组	①细致热情地接受订房和团体开房 ②做好开房登记和验证客人身份的有关工作。熟悉当天抵店的 VIP 客人身份、房号及抵离时间 ③熟悉当天散客及旅行团的开房情况，掌握当天的房间状况 ④办理加床和换房时要向客人讲明情况，并作登记和说明 ⑤夜班当班员工要负责制作当日报表，反映房间情况，并搞好班组卫生 ⑥严格遵守各项制度和服务程序
礼宾组	①指挥和疏导门前车辆，做好宾客迎送工作 ②面带笑容，为客人打开车门，躬身向客人致意，并用右手挡住车门上沿，以免客人碰头。对孩子、老人或是行动不便的客人，要主动提供帮助，搀扶其下车 ③帮助客人装卸行李，并请客人清点、检查有无物品遗失。如果客人是离店，应在车辆开动后向客人挥手致意。注意在开关车门时不要夹住客人的衣裙及物件 ④观察出入门厅人员的动向，注意做好防暴、防窃工作，并协助保卫人员做好客人抵达与离开时的保卫工作
问讯组（根据自身需要有些饭店将问讯组纳入礼宾组中）	①掌握本饭店的一切设施，以及饭店所在城市的其他大饭店、娱乐场所、游览胜地的有关信息 ②管理好客房钥匙，做好保管和收发工作 ③熟悉电脑查询操作 ④帮助客人安排会客。将来访者的姓名等情况传达给客人，再根据客人的意见安排会面事宜 ⑤负责办理客人委托的相关事宜。为客人办理订房、购买机票和车（船）票、办签证、取送物品、购物等各项事情
话务组	①负责接听一切外来电话，转接饭店各部门及客人间的电话 ②转达客人的投诉，通知有关部门采取补救措施 ③负责为客人提供叫醒服务 ④负责将客人的一切要求通过电话转达给有关部门或个人 ⑤明确在接到紧急电话时应采取的措施和行动
商务中心	①为客人提供复印、翻译、打字、传真收发、上网以及长话等服务 ②及时为其购买机票、车（船）票 ③根据需要可为客人提供秘书服务
收银组（由于业务性质所定，收银组通常属于饭店财务部，但是它位于前台，又是前台的重要组成部分）	①严格遵守各项财务制度和操作程序，准确收点客人的现金或支票，准确填写发票 ②做好交接班工作，钱物一定要交割清楚 ③按规定及时结清客人或团体的各种费用

第三节　前厅部员工素质要求

前厅部的工作与客人接触面广，服务工作繁杂，前厅部员工经常担任着“饭店形象代表”“客房推销员”“问题解决者”等角色，这就要求其具备更强的服务意识和更高的综合素质。

一、前厅服务员的素质要求

前厅服务员是饭店形象的代表，是饭店各部门中素质最高的员工，他们身兼饭店的推销员、公关员、调解员、信息资料员以及业务监督员数职。饭店的成功经营与否，客人对饭店的印象，甚至客人是否在本店留宿与饭店前厅服务员的服务质量有很大关系。

前厅部员工应该具备较高的素质，具体表现在以下几方面：

1．仪容、仪表

前厅服务员的仪容、仪表直接影响饭店的形象，关系到饭店的服务质量、客人的心理活动，甚至影响到饭店的经济效益。也就是说，饭店前厅服务员应首先在仪表、仪态上给客人留下一个管理有素、和蔼可亲的印象，从而让客人觉得受到尊重并且愿意再次光临。

服务提示

穿着制服的要求

制服保持笔挺，不可有皱折，不可挽起袖子或裤管；衬衫扣子应扣紧，下摆扎入裤内；内衣、紧身衣不可露出制服外；在正式场合，穿着单排扣的西装，只扣上面的一个扣子，制服应全部穿戴整齐，不可缺少其中一件；非工作需要，不可把制服穿出饭店。

佩戴工牌的要求

工牌应佩戴在左胸上方；工牌保持直线水平，不能歪斜。

对鞋袜的要求

鞋子要经常擦刷，保持干净；鞋带系好，不可拖拉于脚上；男员工穿深色袜子，女员工穿肉色袜子；袜子应每天更换。

男员工上岗前的个人卫生要求

每天都要剃胡须；双手清洁，无污渍、笔迹；常剪指甲，指甲修剪成椭圆形；不可吃有异味的食品，保持口气清新。

女员工上岗前的个人卫生要求

不可留长指甲，不涂指甲油，双手清洁，无污渍、笔迹；不吃有异味的食品，保持口气清新。

保持良好的面部表情

时刻面带微笑，精神饱满，不带醉态、倦意上班；说话时不夸张，不过分喜形于色；与客人交谈时，保持目光恰当。

2．仪态、举止

优秀的前厅服务员应该做到站立标准、行为规范、举止大方，尽量避免或克服不好的习惯动作，如吸烟、嚼口香糖、高嗓门叫喊、勾肩搭背、指手画脚等。

服务提示

男员工的站姿要求

两眼正视前方，头正肩平，下颌微收，挺胸收腹，两手自然交叉于背后，双脚分开，与肩同宽或比肩略宽。如图1—4所示。

图1—4　男员工站姿

女员工的站姿要求

两眼正视前方，头正肩平，下颌微收，挺胸收腹；两手交叉于腹前，右手搭于左手上，虎口靠拢，指尖微曲；双脚并拢或呈丁字步。如图 1—5 所示。

图 1—5　女员工站姿

站立与客人相对时的要求

目光停留在客人鼻眼三角区；与客人相距 60 厘米到 100 厘米之间。与客人距离太近，容易使客人产生压迫感；与客人距离太远，则显得疏远。

为客人指示方向时的手势要求

拇指弯曲，紧贴食指，另四指并拢伸直，指尖朝所指方向。男员工出手有力，女员工出手优雅。不可用一个手指为客人指示方向。

走姿要求

随时问候客人、上司和同事，不可左顾右盼、摇晃肩膀或低头看地。男员工足迹在前方一线两侧；女员工足迹在前方一条直线上，略用脚尖力量点地，落地重心在脚拇指和食指之间的关节上。

与客人相遇时的要求

迎面遇见客人，靠右边行，右脚向右前方迈出半步，身体向左边转 30 度鞠躬或点头礼，问候客人。

客人从背后过来时，停步，身体向左边转向客人，向旁边稍退半步，并配合点头礼，问候客人。

送别客人时，走在客人前侧或后侧，距离 60 厘米到 100 厘米，向前方伸手指引客人门口的方向，微笑着跟客人礼貌道别。

3．语言

前厅服务员不仅应有良好的仪容、仪表，而且必须具备优美的语言，令人愉快的声调，恰当的内容和灵活策略的语言技巧。星级饭店的前厅服务员还应该掌握一两门外语的基本会话，发音要标准，要能准确表达意思。

案例分析

语言的艺术

前台一位女服务员正在给915房间的客人办理离店手续。

闲聊中，那位客人旁顾左右，捋下手指上的一枚戒指，偷偷塞到女服务员手里，低声道："我下星期还要来长住一个时期，请多多关照。"

女服务员略一愣，旋即镇定自若地捏着戒指欣赏了一会儿，然后笑着对客人说道："先生，这枚戒指式样很新颖，好漂亮啊，谢谢你让我见识了这么个好东西，不过您可要保管好，丢了很难找到。"随着轻轻的说话声，戒指自然而然地回到了客人手中。未等客人尴尬，女服务员顺势转了话题："欢迎您光顾我店，先生如有什么需要我帮忙的，请尽管吩咐，您下次来我店，就是我店的常客，可以享受规定的优惠。欢迎您下次光临！"

客人忙不迭地说："谢谢啦，谢谢啦。"

分析：

服务需要委婉的语言，而委婉的语言是一门艺术，需要刻意追求与琢磨才能到位。

饭店服务水平的提高，需要做方方面面的工作，而最基本的、最直接的就是服务工作中的语言。语态真诚、语言规范、语气和蔼应是前厅服务员追求的目标。

4．业务操作技能

前厅服务员必须能够准确、熟练地按程序完成本职工作。工作的快速敏捷、准确无误也标志着饭店的管理水平。任何业务操作失误，不仅会给饭店造成经济损失，更重要的是会破坏客人对饭店的总体印象。

5．应变能力

应变能力是前厅服务员应该具备的特殊服务技能与素质。客人来自全国各地或异国他乡，不同的生活习惯、不同的知识与修养都会有不同的表现；饭店在经营中会出现失窃、火灾以及账目失控等特殊的情况。前厅服务员只有具备应变能力，才能妥善处理好这些特殊问题。在任何情况下，前厅服务员都应沉着冷静，采用灵活多变的方法，处理好每件特殊的事件。

6．诚信

前厅服务员必须具有较高的诚实度。这一素质在饭店经营中已显得愈加重要。特别是在涉及出纳工作及外币兑换工作时，前厅服务员必须能够严格遵守工作纪律；在接待工作中，客人的优惠必须符合饭店的规定，绝对不能以工作之便，徇私舞弊。

7．专业知识

前厅服务员在业务中经常碰到客人提出的各种各样的问题，这些问题有时会涉及政治、经济、旅游、风俗、文化以及有关饭店情况。前厅服务员只有具备较宽的知识面和丰富的专业知识，才能为客人提供准确、实用的信息。

8．合作精神

前厅的每一位员工都应该意识到前厅就是饭店的一个“舞台”，每个人都在扮演一个特定的角色，要想演好这场戏，需要员工的集体合作。当接待员忙于接待或因特殊情况离开工作岗位时，其他员工必须能够暂时替代其工作，很好地为客人服务。员工之间的个人意见或恩怨决不能表现到工作中，否则会破坏整个饭店的形象。

二、前厅主管的素质与职责

在规模较大的饭店里，前厅的管理人员除前厅经理之外，还设有主管人员，如前厅业务主管以及下属的各位领班人员。前厅主管接受前厅经理领导，负责前厅营销的日常工作。

1. 熟知“服务”的多重结构、销售组合概念、商品广告艺术和效果、产品定价策略知识。

2. 了解中外旅游市场的需求层次。

3. 能够在前厅经理授权下，协调与各旅行社、饭店以及涉外企事业单位的工作关系，努力为饭店开辟客源新渠道。

4. 能熟练撰写客源市场分析、饭店经营分析报告等业务文件，有较强的口头表达能力。

5. 具有协调前厅各项工作关系和人际关系的能力。

6. 具有监督、检查和指导前厅员工各项业务工作的能力。

7. 能妥善处理客人投诉和前厅客人不理智等情况，维持良好的饭店与客人的关系及前厅秩序。

知识链接

前厅部的发展趋势与变革

全球已经进入移动互联网时代，饭店行业在新的时代下应抓住机遇，顺应发展，传统的销售和服务方式需要变革，销售渠道将以 OTA（在线旅游代理）、APP（手机应用）为主，服务核心以客户体验为主。在这样的时代背景下，科技化和自助化可以减少客房预订、入住接待等工作，因此饭店前厅部也将面临变革，将来很可能前厅部会改名为饭店宾客服务部，在这个部门的员工可以处理客人在店的所有事情，从进店到退房期间的入住退房、行李服务、用车服务等。未来的饭店前厅部将更需要综合性的人才，所以在校的大学生以及在一线的基层工作同行要努力学习充实自己，才不会被社会所淘汰。

思考与练习

1. 结合客人到饭店的入住过程，阐述前厅部各个岗位的工作任务。
2. 结合你的住店经历，举例说明你曾经遇到过的问题或得到过的帮助。
3. 结合本章所学知识，谈谈你认为自己已经具备了哪些前厅部员工的素质。
4. 你认为应该从哪些方面来培养自身的管理能力？

第二章 客房预订

饭店一般在前厅部或销售部设有客房预订部门，专门受理客房的预订业务。客人通过预订可以保证自己的住房要求得到满足，而饭店则可以通过预订提前做好接待准备、占领客源市场和提高客房利用率，所以客房预订是饭店一项十分重要的业务。

学习目标

☆掌握客房的种类及客房价格的种类。

☆掌握客房预订的渠道、方式与种类。

☆掌握客房预订的受理程序。

☆掌握超额预订及其处理方法。

☆掌握“失约”的预防与管理。

第一节　客房预订基础知识

客房预订，是指客人在抵店前对饭店客房的预先订约。在得到饭店确认后，客人与饭店就形成了一种合同关系，饭店就有了按合同价格提供客房的义务。

一、客房预订部的工作任务

1．受理客人的订房要求

饭店的客房预订部要负责接受客人以电话、网络、传真、合同或当面等方式的预订，并受理客人的各种订房要求。

2．记录、储存预订资料

预订部不仅要记录和储存预订资料，还要制定预订报表（包括每月、半月、每周和翌日客人抵达的预报），参与制定全年客房预订计划。

3．推销饭店客房

预订是推销饭店客房的好机会，这就要求预订员不仅是被动地接受预订，而且要主动地推销饭店的产品。

4．完成客人抵店前的各项准备工作

预订处要与前台接待处密切联系，及时向前厅部经理以及其他相关部门提供有关客房的预订资料和数据，向上级提供 VIP 抵店的信息，以便饭店提前做好客人抵店前的各项准备工作，比如人员的安排、设施设备的更新或更换、客房的布置等。

二、客房预订的意义

1．拓宽了对客户服务在实践、内容等方面的范围，形成更加完整地为客人提供全面服务的概念。

2．是饭店一项有利的促销手段，饭店因此能更广泛、更直接地接触客人，了解客人需求，吸引客源，使饭店客房达到理想的出租率。

3．有助于饭店更好地预测未来客源情况，以便及时调整经营销售策略，在激烈的竞争中把握主动。

4. 可以使饭店在劳动力、物资、资金等方面进行有效的计划安排，从而有利于提高饭店的管理水平和服务质量。

三、客房的种类

对于饭店客房的分类通常有两种分类方式，即按房间数量分类和房间等级分类。

1. 按房间数量分类

根据房间的数量可以将客房分为单间和套间两大类，这两大类又可以细分为多种形式，见表 2—1。

表 2—1　客房类型

客房类型		房间特点
单间	单人间（Single Room）	有一张单人床的单间客房，根据面积大小可分为豪华单人间和普通单人间
	双人间（Double Room）	有两张单人床或一张双人床的单间客房（见图 2—1）
	三人间（Triple Room）	有三张单人床的单间客房，一般档次较低的饭店才有
套间	标准套房（Standard Suite）	通常由两间客房（一间起居室和一间卧室）组成
	豪华套房（Deluxe Suite）	客房数量在两间或两间以上，房内装潢精致、设备高档、功能齐全、卫生间数量较多
	总统套房（Presidential Suite）	至少由五个以上房间构成，是饭店最高级、造价最昂贵的客房。它是饭店实力与档次的象征，甚至还是一个城市、一个地区接待能力的体现
	复式套房（Duplex Suite）	不在同一楼层，楼梯连接，功能专一，互不干扰
	连通套房（Connecting Suite）	客房除了分别有单独房门外，客房之间有门连通。客人可以不经外走廊到达另一房间

a）

b）

图 2—1　双人间

a）大床间　b）标准双人间

2．按房间等级分类

根据房间的等级可以将客房分为经济房、标准（普通）房、商务房、豪华房等多个等级。

通常情况下饭店会结合两种分类方式来确定房间类型进行出售，如标准双人间、豪华双人间等。

四、客房的价格

饭店会根据客人的种类不同（散客、团队客人、常客等）而采用不同的报价方式，见表 2—2。

表 2—2　客房价格的种类

价格种类	含义
标准价（Rack Rate）	标准价又称为“客房牌价”“门市价”“散客价”，即在饭店价目表上明码公布的各类客房的现行价格。该价格不含任何服务费或折扣等因素
商务合同价（Commercial Rate）	饭店与有关公司或机构签订房价合同，并按合同规定向对方客人以优惠价格出租客房，以求双方长期合作。房价优惠的幅度视对方能够提供的客源量及客人在饭店的消费水平而定
团队价（Group Rate）	主要针对旅行社的团队客人制定的折扣价格，其目的是与旅行社建立长期良好的业务关系，确保饭店长期、稳定的客源，提高客房利用率。团队价格可根据旅行社的重要性和所能组织的客源的多少，以及饭店淡、汪季客房利用率的不同加以确定
白天租用价（Day Use Rate）	以下情况，饭店可按白天租用价向客人收取房费：①客人凌晨抵店入住；②客人离店超过了饭店规定的时间；③入住与退房发生在同一天 白天租用价，大部分饭店按半天房费收取，也有些饭店按小时收取
折扣价（Discount Rate）	饭店向常客（Regular Guest）或长住客（Long Staying Guest）或其他有特殊身份的客人提供的优惠房价
家庭租用价（Family Plan Rate）	饭店为带小孩的父母提供的优惠价
小包价（Package Rate）	饭店为客人提供的一种报价方式，除了房费以外，还包括餐费、交通费、游览费（或其中的某几个项目）等，以方便客人
淡季价（Slack Season Rate）	在营业淡季，为了刺激需求，提高客房利用率，而为普通客人提供的折扣价。通常是在标准价的基础上，下浮一定的百分比
旺季价（Busy Season Rate）	在营业旺季，为了最大限度地提高饭店的经济效益，而将房价在标准价的基础上，上浮一定的百分比

第二节 客房预订的渠道、方式和种类

随着互联网和智能手机的普及，客人可以通过互联网、电话、手机饭店预订客户端等多种方式进行客房预订。

一、客房预订的渠道

1. 直接预订渠道

客人不经过任何中间环节直接向饭店订房。客人通过直接渠道预订房间，饭店所消耗的成本相对比较低，而且能对订房过程进行直接有效的管理与控制。散客自订房，可以通过电话、互联网、传真等方式进行。

2. 间接预订渠道

利用中间商人与客源市场的联系以及影响力，利用其专业特长、经营规模等方面的优势，通过间接销售渠道，将饭店的产品和服务更广泛、更顺畅、更快速地销售给客人。

间接订房渠道包括：

- 网上订房中心
- 旅行社订房

知识链接

网上订房中心的普及

随着互联网技术的发展与普及，国内外出现了很多网上订房中心，如国内比较著名的携程旅行网、艺龙旅行网、美团网等。这类订房形式在饭店的销售中所占的比例越来越大，而且呈逐年攀升的趋势。几乎每家大型饭店都与数十家订房中心签署了订房协议。事实上，由于管理成本问题，并非与越多订房中心合作就越好，所以饭店应每年筛选一次，淘汰一批，再签约新的订房中心。

- 公司订房
- 国内外会议组织订房
- 分时度假组织订房
- 国际订房组织订房

二、客房预订的方式

受预订的紧急程度和设备条件的制约，客人可能采用多种多样的订房方式。

1．电话预订

电话订房比较普遍，特点是方便、速度快、客人与饭店沟通快捷。但由于会受到区域和语言障碍、电话的清晰度以及受话人的听力等因素影响，往往容易出现听不清或理解错误。因此，预订员必须首先听清客人的要求，及时记录，然后向对方完整地复述相关信息，得到客人的确认后方可预订。另外，客房预订员要熟悉本月的订房情况，如有特殊情况不能确认订房，应留下客人的联系方式和姓名，之后要及时回复对方。

2．网络预订

这是目前最先进的订房方式。随着计算机技术的迅速发展以及互联网的不断扩展，越来越多的客人乐于使用这种成本低廉、操作快捷、又具有个性化的预订方式。客人可以直接进入饭店官网，通过查看不同类型的房间图片进行选择，并填写网络订房单，也可以通过网上订房中心进行预订。

3．传真预订

传真订房，即图文传真订房方式，具有方便、迅速、完整的特点，尤其可以使远隔千万里的客人与饭店之间完整地、毫无遗漏地交换各自的资料及要求，同时还可以成为客史档案资料及合同的证明文件。具体应该做到：在接收和发出传真后，应及时打上时间印记；回复客人的时候，语言要简明扼要；接收客人的传真订房资料要保留存档，以备日后查对。

4．当面预订

预订员与客人面对面地洽谈订房事宜，一方面使预订员获得机会详细了解客人的要求，同时还可以根据客人喜好、行为特点进行有针对性的促销和推销。必要时还可以向客人展示其他房间供客人选择，便于与客人建立良好的信任关系。客人在即将离店前可能主动提出返程预订，此时预订员应尽可能避免承诺下次入住的具体房号，因为饭店方很难当场了解客人的信用状况。所以针对此类订房要求，预订员应该向客人说明所订的房间只能保留到某一时间为止，逾期则自动取消，并且应该要求客人预付定金。

5．合同预订

饭店与旅行社或商务公司之间通过签订订房合同，达到长期出租客房的目的。通常通过此方式预订的房间房价相对比较低。大型饭店通常将此种形式发展为会员制的俱乐部，其会员订房享有一定比例的折扣和有限订房的待遇，这是饭店将顾客组织化的一种设计。有些饭店设有“最佳顾客方案”，一般都以饭店的常客为对象，享有特别的折扣或者优先订房、客房升级等的待遇，这种方法可以维系客人与饭店较长时期的市场关系。

三、客房预订的种类

尽管客人预订时采取不同的方式，饭店为便于管理通常将各种预订归纳为保证类预订、确认类预订和临时类预订三种类型。

1．保证类预订

这是饭店在任何情况下必须保证客人预订实现的承诺，同时客人也要保证按时入住，否则要承担经济责任的一种预订方式。

（1）预付订金担保

即客人或他们的代理人（代理机构）在住客抵店入住前须先行支付预订金或预订间／天数全额预付款，由于各饭店自行制订的信用政策不同，所以标准不一。饭店的责任是预先向客人说明取消预订、退还预付款的政策及规定，并保证按客人要求预留相应的客房。

对于饭店而言，客人预付订金是最理想的保证类预订方式。饭店为加强预付订金的管理，要提前向客人发出支付预订金的确认书，陈述饭店收取预订金及取消预订、核收取消费的相关政策。收到预订金后饭店应出具收据。

（2）信用卡担保

信用卡担保指客人将所持信用卡种类、号码、失效期及持卡人姓名等以书面形式通知饭店，达到保证性预订的目的。即使因各种原因客人不能按时抵店，饭店仍可通过银行或信用卡公司获取房费收入。比如，美国运通公司组织的“信用卡订房担保计划”，对持“运通卡”的客人，在订房后未按时到店，饭店可以根据订房客人的信用卡号码、姓名及预订未到记录等相关文件向美国运通信用卡公司或授权的机构收取相关房费，减少饭店经济损失。

（3）合同担保

该方法是指饭店与有关公司、旅行社等就客房预订事宜签署合同，以此确定双方的利益和责任。合同的主要内容是明确向未按预订日期抵店入住客人收取房费，同时，还要明确饭店应保证向与之签订合同的公司或旅行社提供所承诺的客房。总之，签订合同对双方均有约束。

服务提示

特殊情况预订

由于时间紧迫，饭店也无法要求客人预付定金，也没有时间进行书面确认，那么如何确保饭店利益不产生损失呢？

接受此类预订时，预订员通常的做法是重复客人订房要求，问清客人抵店时间，服务员要提醒客人饭店将房间保留至当日下午18:00，按照行业规定18:00以后饭店有权将房间出租给别的客人。

2．确认类预订

确认类预订通常是指饭店同意为客人预订并保留客房至某一事先约定的时间。这是常用的一种侧重信誉的预订方式。如果客人错过了商定的截止日期而未到店，也未提前通知饭店，那么在用房高峰阶段，饭店可将房间另租给其他客人，例如等候名单上的客人。

3．临时类预订

临时类预订是预订种类中最简单的一种类型。临时类预订是指客人在即将抵达饭店前很短的时间内或在当天才联系饭店预订房间。

第三节　客房预订的受理程序

客房预订是一项专业技术性较强的工作，为了确保客房预订的工作高效有序、准确无误地进行，必须建立规范而详尽的工作程序。

一、工前准备

1．检查仪容仪表

提早到岗，检查头发是否整洁盘起、制服是否干净平整、纽扣有无松或掉现象、工牌是否佩戴端正、指甲是否需要修剪、饰品佩戴是否符合要求。

2．做好交接班

上班前，仔细浏览交接班本，了解需跟办事宜，把握新发文件内容，了解当天房态及可卖房型的信息。

3．整理环境

保持办公区域的卫生，办公用品要整齐，不可杂乱无章。

4．准备好各类报表、表格

（1）客房预订单（见表 2—3）

表 2—3　　客房预订单

☐ 新预订　　☐ 更改　　☐ 等候　　☐ 取消

客人姓名	房数	房型	房价	客人数量	工作单位
预订到店时间			预订离店时间		
预住天数		抵店航班		离店航班	
备　注					

联系人	姓 名	关 系	联系方式	传真号码

离店时账目结算交付方式：
☐现金
☐旅行社凭证
☐信用卡
预订员签名：
预订日期：

各个饭店的订房单都会有一些区别，但是一般都会包括以下内容：

1）全名。姓与名必须详细的填写，如果是外国人还要有正确的英文名。

2）抵店日期。饭店业内规定用统一的写法，以免出现不必要的误会。大部分国家的饭店都是用日—月—年的记录方法，美国用月—日—年，我国经常用的是年—月—日。

3）离店日期。

4）预计到达饭店的时间。用于提供给饭店的相关部门做好准备工作。重要贵宾还要有到达的班次或者车次，以便安排饭店方去接站。

5）住宿夜数。客人住宿应该用“夜”来计算，而不用“天”“日”，以免产生误解。

6）订房的房间种类。

7）订房的数量。

8）住宿人数。

9）房间的价格。不同的公司、旅行社或者个人都有不同的待遇，作为订房员应该了解客人的房价，并且应向客人说明房价附加的服务费用以及税金。

订房单上还包括预定人住址、姓名、付款方式、订房形式、信用卡的号码和有效期、承办人、承办日期及备注栏。

（2）订房记录表（见表 2—4）

订房记录表是按照旅客到达日期顺序排列的一种流水账。订房记录表除了有方便查阅的功能以外，还有助于提高柜台接待旅客到店名单的正确性。订房记录表一般一式两份，一份和订房单、客人的订房信件或传真放在一起，另一份与订房控制表放在一起。电脑化作业系统的饭店可以省略此表。

表 2—4　　订房记录表

订房日期	旅客姓名	房间种类与数量	停留天数	房价折扣	订房者姓名	联系电话	承办人签名	备注

5．掌握房价、熟悉房型

熟悉并掌握饭店不同种类的房间的特点及房间价格，推荐客人预订最合适的房间。

订房报价的方法和技巧：

（1）与饭店没有合同的公司和个人散客订房，应按饭店或上司所制定的折扣政策报价。如对方声明今后将有较大客源时，应及时将信息转告营销部，请该部门派人具体联系洽商。

（2）与饭店有书面合同的公司订房时，应按合同报价。

（3）凡是有合同的客户，如电话订房，报价前请核对对方公司名称及合同号，以便确认对方身份，避免合同优惠价被不当利用或误用。如对报价有争议或要求比协议更优惠的房价时，可请对方与营销部有关工作人员联系，沟通过程要保持礼貌婉转，切忌和客人发生争执。

(4) 旅行社、订房中心及团队订房原则上由公关营销部负责，如公关营销部已放工，才由预订部按合同报价，无合同的按照第一点执行。

(5) 饭店原则上不接受旅行社后补传真，特殊情况必须得到大堂副理及以上工作人员的批准方可答应客人后补传真。

6．掌握计算机预订操作流程

预订员应熟练掌握本饭店所用PMS（前台管理系统）的操作程序，掌握团队客人和散客预订的操作流程。

二、受理预订

预订员首先要准确掌握本饭店客房产品特点、价格及当前预订状况和相关促销政策，在听取客人预订要求时，迅速查看预订控制簿或电脑，明确客源类型（即散客还是团队）后，听取客人预订要求，向客人作简要的产品介绍，并复述客人要求，最后填写“客房预订单”，将客人姓名、抵离店时间、房间类型、房间价格、结算方式等各项内容填写清楚。

服务提示

预订员受理预订的注意事项

（1）接听电话必须使用礼貌用语，口齿清晰，应对得体。

（2）接到预订函电应马上处理，不能让客人久等。

（3）填写预订单时必须认真、仔细，逐项、逐栏填写清楚。

（4）遇到大团队或特别订房，订房确认是要经前厅部经理或总经理签发，如不能满足其订房要求，则要发致歉信，同样须经前厅部经理或总经理签发。

决定是否受理预订应考虑的因素包括预抵店日期、所需房间类型、所需房间数量和逗留天数。如果确实无法满足客人的需求，应对预订加以婉拒，实事求是地说明情况。婉拒预订时，不能因为交易未达成而停止服务，而是应该主动提出若干可供客人参考或选择的建议，或征得客人同意将其列入“等候名单(Waiting list)”中，最后要对客人表示感谢。这样做不但可以促进客房销售，同时可以在顾客中树立良好的饭店形象。

总之，预订受理的流程如图 2—2 所示。

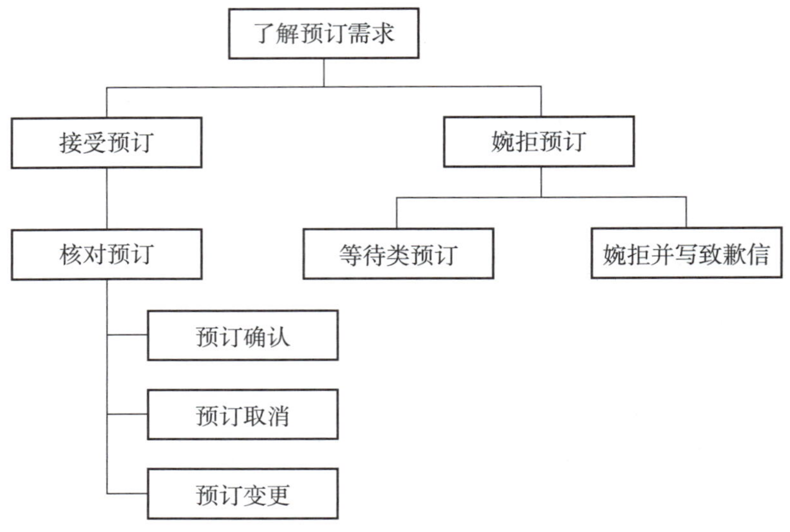

图 2—2　预订受理流程

1．电话预订的受理程序（见图 2—3）

服务提示

饭店服务电话接听的礼仪

（1）电话铃响三声内，必须接听电话。
（2）清晰及快速地报出饭店及部门名称。
（3）报出自己的名字，提出是否需要帮助。
（4）用自然的声音接听电话，语音不要过于响亮。
（5）用温和礼貌的态度去接听电话。
（6）仔细聆听客人的需要，感受客人当时的心情。
（7）让客人感觉你很想要帮助他。
（8）不要由于查找资料或其他事情使客人一直等候。
（9）当知道对方姓氏后，应加姓氏称呼。（例如：Mr. Wang / Ms. Zhao）
（10）用礼貌用语。
（11）准备好笔和纸，用来记录。
（12）向对方重复完整简要的口信，确认是否准确。
（13）澄清一切有可能出错的地方。
（14）感谢对方的来电。

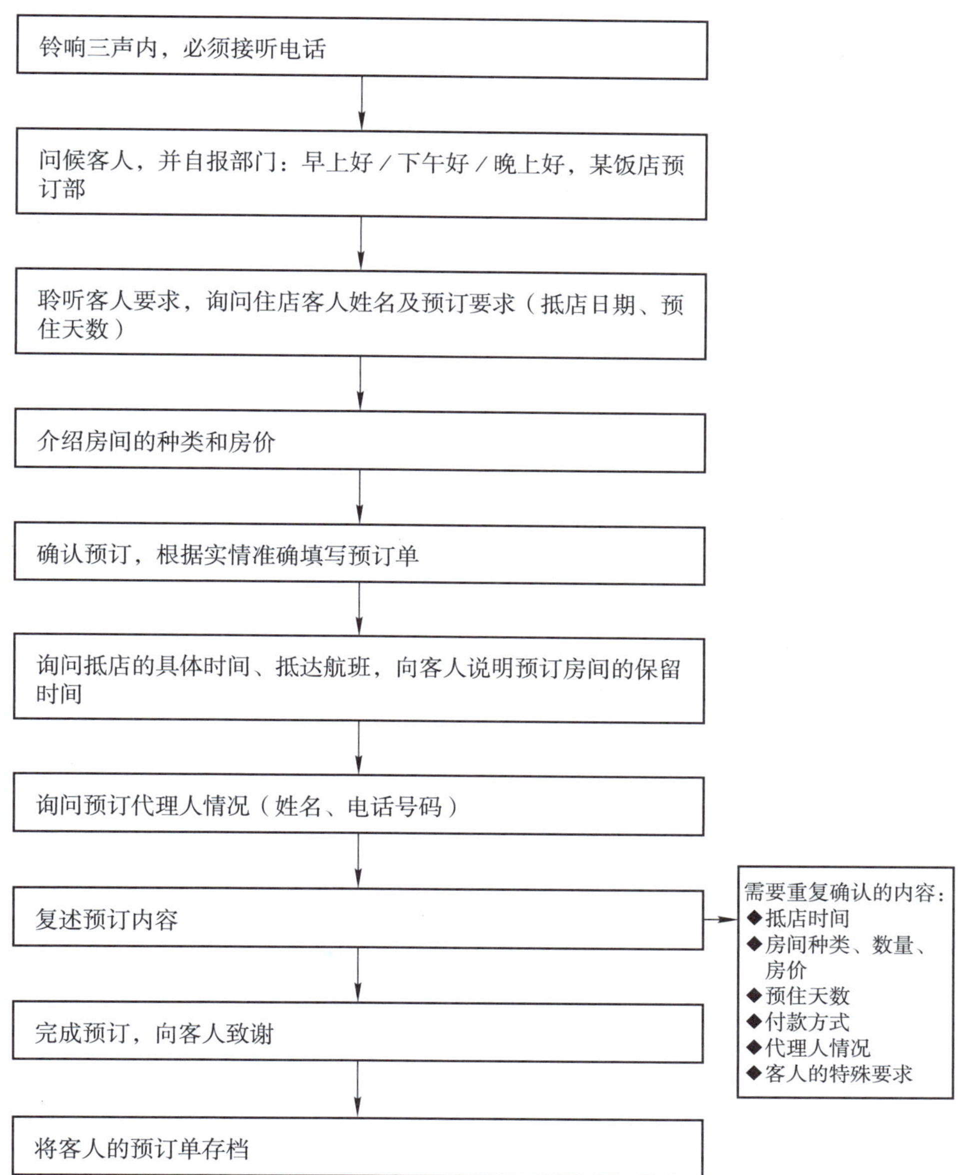

图 2—3　电话预订的受理程序

2．传真预订的受理程序（见图 2—4）

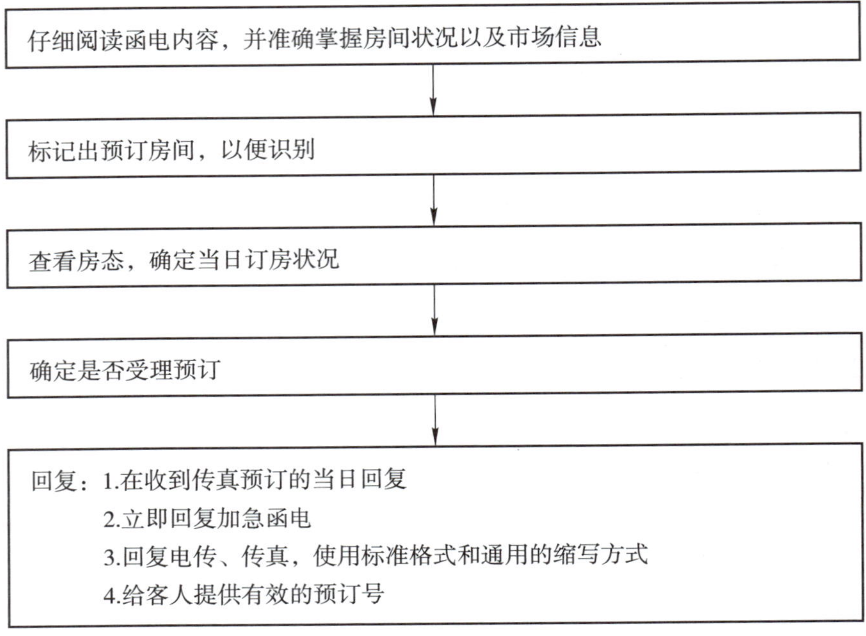

图 2—4　传真预订的受理程序

3．网络订房的受理程序（见图 2—5）

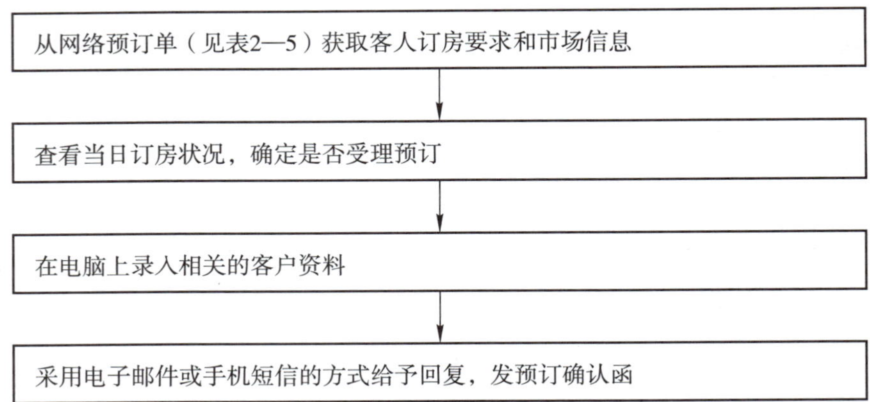

图 2—5　网络订房的受理程序

表 2—5 网络预订单

饭店名称

** 饭店

房型	入住日期 / 退房日期	门市价	网上价	周末价	早餐
标准间	2015–2–26 / 2015–3–1	~~980~~	498		含早餐

入住日期：2015-2-26 退房日期：2015-3-1

1. 客人姓名：

* 请填写与入住人的有效证件（如身份证，护照）相同的姓名

* 请填写所有入住人的名字

2. 客人国籍：◉ 国内 ○ 外国及港澳台公民

3. 房间数量：1 间

4. 预计到达时间：18:00 之前

* 饭店预订一般保留至 18:00

* 如果填写 18:00 以前入住但当天无法按时赶到，请提前通知我们

联系资料

1. 联系人：

2. E–mail:

3. 电话：

4. 传真：

5. 完成预订回复方式：以电子邮件回复

特殊要求

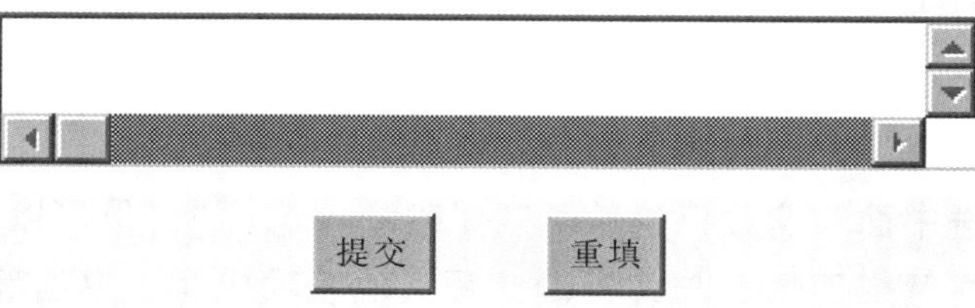

服务提示

订房婉拒的理由

电话预订中服务员可以当时就婉拒客人的预订，但是网络预订、传真预订等其他预订方式中服务员无法直接拒绝客人，此时饭店通常会给客人签发致歉信。

订房婉拒的理由一般有以下三种：

（1）饭店完全客满。此时只能询问客人是否愿意列在候补名单上。

（2）客人所要求的房间种类已经完全售出或者不够，这时候服务员可以建议客人更改为订其他类型的房间，如果客人不愿意，只能婉拒客人的订房要求。服务员可以推荐其他同类型的饭店给客人，这样会给客人留下一个很好的印象，客人下次订房会优先考虑本饭店。

（3）客人被列为“黑名单”之内。所谓的“黑名单”是指由于某些理由，经过饭店的管理阶层审核之后，记录一些不受欢迎的客人在名单里。国内各地的饭店也会不定期的发函通告各会员饭店，称为“恶客通告”。公告里说明该恶客的劣迹，呼吁饭店同行不予收留，以免遭受损失或者带来麻烦。

三、确认预订

1．确认内容

（1）满足客人对预订房间的要求。

（2）满足客人对预住期限的要求。

（3）与客人就房价达成一致意见。

（4）与客人就付款方式达成一致意见。

2．预订确认的方式

（1）口头确认

口头确认也可以是电话确认，即将上一个工作流程所接受的预订，在同客人联系时得到客人的认可和承诺。

（2）书面确认

根据国际订房的惯例，不管订房人是以口头或者打电话的方式订房，或者是以书面形式订房，只要是客人订房与来店的日子之间有充足的时间，饭店都应该向客人寄送书面客房预订确认函（见表2—6）。预订员可以采用电子邮件、手机短信、传真等书面形式与客人确认预订的各项内容。书面确认不仅仅是复述客人的预订要求，同时也向客人陈述了价格、定金、日期、取消预订及付款方式等相关规定和政策，实际上书面确认是饭店与客人之间达成交易的书面协议。客人可以通过书面客房预订确认函来验明是否与其提出的订房要求相吻合；饭店则可以通过它查对客人的信用关系、家庭或者工作单位的地址。同时客房预订确认函是饭店与客人之间履行权利和义务的协议书，其中的有关事项，如付款方式、保留客房截止时间、房间价格等，都会对双方的行为具有法律的约束效力。客房预订确认函也是饭店对客服务的指南书，如其中明确告之的饭店有关最迟到店的时间和取消订房应注意的事项，以及客人从机场、车站、港口抵达饭店的路线建议等。

表 2—6　　客房预订确认函

<table>
<tr><td>× × 饭店
地址：
电话：

您对________________的预订已被确认。</td><td>客户姓名：　　电话：
房型：　　房数：　　房价：
预订日期：　　抵店日期：
抵店时间：　　预住天数：
离店日期：
结账方式：　　订金：</td></tr>
<tr><td colspan="2">本饭店已经确认您的订房。由于客人离店后，需要一定时间整理客房，因此下午 3 点以前恐不能安排入住，请您见谅。未付订金或无担保的订房将保留到当日下午 6 时。</td></tr>
</table>

服务提示

书面确认的好处

对于客人的电话预订、传真预订、当面预订、信函预订、网络预订等各种订房方式，饭店最好都采用书面形式进行订房确认。

书面确认的好处在于：

（1）证明饭店能够满足客人的要求。

（2）使饭店和客人之间达成协议关系，从而也约束双方行为。

（3）使饭店了解更多、更准确的客人资料。很多饭店对持有确认书的客人常给予优惠服务。

四、存储预订资料

1．预订资料记录顺序

（1）填写订房单。

（2）在“预订汇总表”上标明房型、间／天数。

（3）填写预订卡条，并按日期顺序放入预订架。

（4）存放其他预订资料，包括确认书、变更单、交付定金收据、客史档案卡等。

预订员将全部订房资料装订、收存在资料夹内，注意每次将最新的资料放在最前面，另外对于有 2 次以上订房要求，或同一批客人分多次陆续到店等特殊情况，预订员还应将预订资料复印多份，最后按不同的抵店日期的顺序分别存入预订资料柜内。

2. 预订资料存放顺序

（1）按客人抵店日期顺序存放

这样便于掌握某一个时期或阶段的预订数量，例如预计入住所用房间数量和客人数量。

（2）按英文字母 A 至 Z 顺序存放

根据客人姓名或拼音的第一个字母存放预订资料可以很方便地查找客人的订房资料。

五、核对预订

由于客房预订在客人入住前有可能出现变更、取消等情况变化，为提高预订的准确性和理想的开房率，预订员对每一个已确认的预订都要进行多次核对。

具体核对方式如下：

1. 在客人预订抵店前一个月由预订部文员每天核对下个月的当天抵店的客人。

2. 在客人抵店前一周进行再核对。

3. 预订员核对客人抵店前一天预订状况。

对于大型团体客人或专业会议，核对的次数和内容要更多、更细致。因为饭店接待团队或会议客人，要为此提前预留相应的客房，在客人离店后又立即会出现大量客房闲置。因此，饭店必须加强对团队（会议）预订的管理工作，尽量减少由此而带来的经济损失。

六、变更或取消预订

1. 预订变更

预订变更指的是客人在抵店前出于某种原因要对原预订做补充或修改。

接到客人的变更预订的要求以后，预订员首先应察看电脑或有关预订的控制纪录，看看是否能够满足客人的变更要求。如果能够满足，则予以确认，并填写预订变更表；如果不能，则应将饭店空房类型与有空房的日期告知客人，与客人协商解决。预订变更表见表 2—7。

表 2—7 预订变更表

姓名：	预订编号：	
地址：	电话：	
公司：	联系人：	
更改日期：		
抵店日期：	住店夜数：	离店日期：
住店人数：		
预订客房类型：	房间数量：	房价：
预付订金：		
结账方式：		
备注：		
原预订编号：	原抵达日期：	原房价：

2. **预订取消**

接听预订取消的电话时，服务员不能在电话里表露出不愉快，而应让客人感觉到今后他随时光临本饭店都是受欢迎的。正确处理订房的取消，对于饭店巩固自己的客源市场具有重要意义。在国外，取消预订的客人中有 90% 以后还会来该饭店预订。

预订取消时预订员的工作流程如下：①将预订单存档；②在预订单上盖上“Canceled”的印章，并在备注栏内注明取消日期、原因、取消人；③在电脑上或者预订控制表上将其注销。

如客人在原定住店日期当天未到，则由前台接待员与预订的单位或个人取得联系，问清是否取消，如果取消则通知预订员及相关部门；如果不取消，则要根据实际情况，必要时为客人保留房间（如果住一天以上转给预订员处理）。

为了防止因客人临时取消预订而给饭店造成损失，饭店可以根据实际情况要求客人预订支付一定数额的定金，尤其是团队客人，预收定金是较好的办法。

七、客人抵店前的准备工作

预订客人抵店前的准备工作，必须达到及时、有序、细致、无误的标准，有助于相关部门根据计划安排，对不同客源类型、不同身份和特点的客人提供有针对性的服务，并提前做好充分准备。因此，准备工作做得是否充分，将直接关系到前厅服务的质量水准。

客人抵店前的准备工作内容如下：

1．预先分房

按预订要求、接待标准，提前为已办理预订的客人分配房间、确定房号，并将有关变更或补充的通知传达至相关部门。

预分房应注意以下几个因素：

（1）注意对散客、团队客入住房区域的划分，减少相互干扰。

（2）掌握对维修房分期、分批、分区域的工程检修及维护计划，以免影响客人休息。

（3）出租高峰期出现房源紧张时，加强客房部的协调沟通。很多饭店将预分排房工作提前数日进行，尤其是大中型饭店。小型饭店则是安排前台接待员在当天的早些时候对预订客入住房进行预分排房。

2．实施具体接待措施

在客人抵店前一天，将已经批准的各项接待及安排计划等通知单送到相关部门，例如派车通知单、礼宾鲜花通知单、贵宾水果篮通知单等。

案例分析

辛先生经本地公司介绍预订了某大饭店的房间5天。但在前台办理入住手续时，接待员告诉辛先生，他的预订只有1天。现在又正值旅游旺季，第二天的单人间难以安排。辛先生听后十分生气，强调订房差错的责任在饭店。接待员与客人在前台僵持着。

问题：接待员该如何妥善处理此事？

应采用的做法及评析：

1. 无论责任在哪方，接待员都应向客人表示歉意，稳定客人的情绪。因正值旅游旺季，在同类客房较紧张的情况下，可建议客人次日换住一间套房，并给予适当的折扣。

2. 尽快查明原因。若责任在代订公司，接待员可以按原则办理，只给1天住房，次日的住房请客人自行解决或建议其入住其他饭店。此种做法会让客人感到饭店人情味淡薄，很难使客人成为回头客，所以不到万不得已，通常饭店不应这样做。

3. 如果责任在代订公司，而该代订公司与饭店属关系良好的协议单位，接待员在无法调整同类房的情况下，应请示上级，同意给予房间升级，从而保证饭店与该公司之间长期友好的协作关系顺利发展。有时代订公司也会主动承担责任，以便于今后的长期合作。

4. 若查明责任在饭店一方，接待员更应该想方设法调整房间为客人解决难题。如果实在无同类房安排，可给予房间升级。这样做，既维护了客人的利益，又挽回了饭店的声誉，一举两得。但事后饭店应查明事故出现的环节，并予以相应的处理。毕竟在维护了客人利益的同时，饭店也蒙受了一定的损失，饭店应尽量避免同类事情再次发生。

提示：

1. 在订房时，由于种种原因会导致一些差错的出现，接待员应立足于尽快解决客人的问题，而不是停留在与客人争论责任在哪一方。

2. 应重视客人的意见。接待员要本着“客人总是对的”这一原则，从饭店自身的工作方面去查找原因。

3. 应迅速提出双方均可接受的合理建议，切不可在前台僵持，否则会不利于问题的解决，也会造成不良影响。

4. 应把握客人心理，对客人由于未得到应有的服务而引起的不满予以安抚，给予客人折扣优惠或房间升级，也可以酌情送上鲜花或水果，让客人心理上有受尊重的感觉。

5. 无论责任在哪方，从饭店的长远利益和整体利益出发，都应该尽力留住客人，争取更多的回头客。

第四节　超额预订及“失约”的预防与处理

饭店经常会遇到因客人预订未到而导致滞留空房的情况，这对一些常年出租率很高的饭店来说是一种损失。在当今竞争激烈的市场环境下，饭店不可能要求客人做到百分之百的赴约，但可以采取一些措施来减少损失，客房超额预订策略就是其中一种。

一、超额预订

1. 超额预订的含义

超额预订是指饭店在一定时期内，有意识地使其所接受的客房预订数超过其客房接待能力的一种预订现象。也就是说，有时候即使饭店的订房快要满，也要适当增加订房的数量。

超额预订通常会出现在旅游旺季和节假日，具有很高的随机性，因此，它是订房工作中一个非常棘手的问题，需要慎重对待。超额预订需要有一个“度”的限制，以免过多超额而导致有些客人不能入住，也要避免过少超额而使部分客房闲置。一般情况下，饭店的超额预订比例应控制在10%～20%。

服务提示

超额预订的必要性

为什么对饭店来说，超额预订是十分必要的？

有些客人在订房以后不见得一定会来入住，所以，即使饭店的订房率达到了100%，也可能会由于某些客人临时取消或者变更预订而使饭店蒙受损失。因此，饭店从自身利益出发，有必要做超额预订来弥补由以上原因所造成的损失。

2．超额预订的影响因素

超额预订数主要受预订取消率、预订而未到客人之比率、提前退房率以及延期住店率等因素的影响。

3．超额预订数的确定

预订取消率、预订而未到客人之比率、提前退房率以及延期住店率等因素之间存在如下关系：

超额预订房数＝预计临时取消预订房数＋预计预订而未到客人房数＋预计提前退房房数－延期住店房数

＝饭店应该接受当日预订房数×预订取消率＋饭店应该接受当日预订房数×预订而未到率＋续住房数×提前退房率－预期离店数×延期住店率

假设X＝超额预订房数；A＝饭店客房数；C＝续住房数；r_1＝预订取消率；r_2＝预订而未到率；D＝预期离店房数；f_1＝提前退房率；f_2＝延期住店率，则：

$$X=(A-C+X)\times r_1+(A-C+X)\times r_2+C\times f_1-D\times f_2$$

$$X=[C\times f_1-D\times f_2+(A-C)(r_1+r_2)]/[1-(r_1+r_2)]$$

设超额预订率为R，则：

$$R=\frac{X}{A-C}\times 100\%$$

$$=\frac{C\times f_1-D\times f_2+（A-C）（r_1+r_2）}{（A-C）[1-（r_1+r_2）]}\times 100\%$$

例题：某饭店有标准客房800间，未来1月8日续住房数为300间，预期离店数为200间，该饭店预订取消率通常为10%，预订而未到率为4%，提前退房率为5%，延期住店率为8%。试问就1月8日而言，该饭店：

（1）应该接受多少超额订房？

（2）超额预订率多少为最佳？

（3）总共应该接受多少订房？

解：（1）该饭店应该接受的超额订房数为：

$X=[C\times f_1-D\times f_2+（A-C）（r_1+r_2）]/[1-（r_1+r_2）]$

$=[300\times 5\%-200\times 8\%+（800-300）（10\%+4\%）]/[1-（10\%+4\%）]$

=80（间）

（2）超额预订率为：

$$R=\frac{X}{A-C}\times 100\%$$

$$=\frac{80}{800-300}\times 100\%$$

$$=16\%$$

通常超额预订率在10%～20%比较正常。

（3）该饭店总共应该接受的客房预订数为：

$=A-C+X$

$=800-300+80$

=580（间）

答：就1月8日而言，该饭店应该接受80间超额订房；超额预订率最佳为16%；总共应该接受580间订房。

4．超额预订的操作控制

（1）掌握好团体订房和散客订房的比例

团体订房是事先有计划的，取消和无故不到的比例可能性很小，即使是取消预订，一般也会事先通知。而散客的特点是随意性比较大，受外界因素的影响大。所以，在团体预订多而散客预订少的情况下，超额预订的比例就要小一些；反之，散客预订多而团体预订少时，则超额预订的比例就要留大一些。

（2）根据预订情况分析订房动态

订房情况分析是对住店客人中提前预订者和不提前预订者做百分比对比分析。如果住店的客人一贯是提前预订，而不经预订直接住店的客人所占的百分比很小，那么在超额预订上就要加大比例，以避免因为客人临时取消订房而造成客房的闲置；反之，则超额预订的量就要小些。同时，对于那些经常订房不到的单位和个人要做好记录，以后处理超额订房时可先占用这些单位和个人的房间，增加超额预订的数量。

（3）超额预订的风险及解决途径

超额预订在实践上虽然是可以理解的，但是从法律的意义上讲是违约行为。因为饭店接受客人的预订时就在饭店与客人之间确立了关于客房出租的合同关系，而饭店进行超额预订完全有可能会使某些或者某个客人不能入住，也就是饭店不能够履行合同，因此客人有权利起诉饭店违约。所以，对于因过多超额预订而不能入住的客人，饭店应该进行妥善处理。

发生因过多超额预订而导致客人不能入住的情况时，饭店应该采取以下措施：

1）诚恳地向客人道歉，请求客人的谅解。

2）立即与另一家相同等级的饭店联系，请求援助，并派车免费将客人送至该饭店。如果找不到同等星级的饭店，可安排客人入住级别更高的饭店，高出的房费由饭店支付。

3）在客人愿意的情况下，饭店一有空房就接回客人，并表示欢迎。

4）对提供援助的饭店表示感谢。

服务提示

保证类预订的处理方式

如果客人是保证类的预订，除了上述措施，按照行业惯例饭店还要提供更多服务：

◆ 支付客人在其他饭店住宿期间的第一夜房费，或者客人享受回饭店免一天房费的待遇。

◆ 当天排房将首先考虑这类客人的用房安排。

◆ 客人回饭店时大堂副理应在大堂迎候客人，并陪同客人办理入住手续。

二、“失约”（No Show）的预防与处理

饭店经常遇到这种情况，一方面客房供应紧张，另一方面已经预订的某批客人却没有来，这种情况就是“失约”。按照常理，除了不可控因素以外，其他原因造成的失约，客人应向饭店进行赔偿。但是，由于饭店市场长期处于买方市场，作为卖方的饭店在竞争中被迫放弃了应有的权力，导致失约给饭店带来了不少损失。如何有效地预防失约，将饭店损失降到最低，是饭店预订部的任务之一。

1．预防散客“失约”

对散客的“失约”可以采取以下措施：

（1）接受预订时，必须了解相关信息，如预订人的姓名、联系方式、入住客人的姓名、联系方式、预计抵达时间等。

（2）声明并坚持没有确切入住时间的预订只保留至当日18:00，逾期不到视为自动取消。

（3）视情况收取一定比例的订金。如在抵达当日才通知预订取消的，预付款应视为赔偿金来处理。

（4）建立预订信誉等级，使预订信誉等级与定金款额挂钩。

2．预防团队“失约”

团队“失约”与旅行社有直接关系，可以做以下预防：

（1）要求旅行社在团队抵达15天前给饭店发接待计划，计划逾期未到，视为该团预订自动取消。

（2）团队抵达前5至7天应与旅行社再次确认核对预订。

（3）团队抵达当日，销售人员应随时掌握团队的入住情况，并及时与旅行社联系，询问未到团队及人数的动向。

（4）在旺季，尤其是国家法定假日期间，对国内旅行团队的预订，要要求旅行社缴纳足额定金，以防虚占客房。

（5）对未按约定出现的情况登记并分析，划分旅行社预订信誉等级，以便饭店今后接受预订时掌握主动。

案例分析

预订处接到一个日本团队住宿的预订，确定了客房类型和安排在10楼同一楼层后，预订员小刘工作疏忽，错输了电脑。与此同时，他又接到一位台湾石姓客人的来电预订。预订员小刘因为石先生是饭店的常客，便把

10 楼 1015 客房许诺给了这位台湾客人。

台湾石先生如期来到饭店，当得知因为有日本客人来才使自己不能如愿时，石先生表现出了极大的不满，换客房是坚决不同意的，也无论前台怎么解释和赔礼，这位台湾客人仍指责饭店背信弃义，崇洋媚外。

大堂副理向石先生再三致歉，并说明了事情经过的原委以及饭店对失职的小刘的处罚，还转达了饭店总经理的态度，一定要使石先生这样的饭店常客最终满意。

这位台湾石先生每次到这座城市，都下榻这家饭店，而且特别偏爱住 10 楼。据他说，他的石姓与 10 楼谐音相同，有一种住在自己的家的心理满足；更因为他对 1015 客房的陈设、布置、色调、家具都有特别的亲切感，这些会唤起他对逝去的岁月中一段美好而温馨往事的回忆。因此他对 10 楼情有独钟。

大堂副理心想，石先生既然没有提出换一家饭店住宿，表明对我们饭店仍抱有好感，“住 10 楼比较困难，因为要涉及另一批客人，会产生新的矛盾，请石先生谅解。”“看在饭店的面子上，同意换楼层。但房型和陈设、布置各方面要与 1015 客房一样。”石先生做出了让步。

“14 楼有一间客房与 1015 客房完全一样。”大堂副理说，“事先已为先生准备好了。”

“14 楼，我一向不住 14 楼的。西方人忌 13 楼，我不忌，但我忌讳的就是 14，什么叫 14，不等于是‘石死’吗？让我死，多么不吉利。”石先生脸上多云转阴。

“那么先生住 8 楼该不会有所禁忌了吧？”大堂副理问道。

“您刚才不是说只有 14 楼有同样的客房吗？”石先生疑惑地问。

“8 楼有相同的客房，但其中的布置、家具可能不尽如石先生之意。您来之前我们已经了解石先生酷爱保龄球，现在我陪先生玩上一会儿，在这段时间里，饭店会以最快的速度将您所满意的家具换到 8 楼客房。”大堂副理说。

“不胜感激，我同意。”石先生惊喜地回答道。

大堂副理拿出对讲机，通知有关部门：“请以最快速度将 1402 客户的可移动设施全部搬入 806 客房。”

饭店的这一举措，弥补了预订员工作中的失误，赢得了石先生的心。为了换回饭店的信誉，同时也为了使“上帝”真正满意，饭店做出了超值的服务。此事被传为佳话，声名远播。

问题：从这个案例中你学到了什么？

应采用的做法及评析：

在本案例中，预订员在接受电话预订时疏忽大意，没有按照电话预订操作要求操作，致使客人抵店不能顺利入住，而受到投诉。作为饭店的服务窗口和神经中枢的接待部门应该吸取的教训是：在接受电话预订时，对关键性的语句要逐字核实，不能有半点马虎。另外，当客人对饭店的解决方法不满意时，大堂副理采取了非常灵活的补救方式，直到客人满意为止，这也是值得学习的地方。

思考与练习

1. 某饭店有标准客房 600 间，未来 10 月 2 日续住房数为 200 间，预期离店数为 100 间，该饭店预订取消率通常为 8%，预订而未到率为 5%，提前退房率为 4%，延期住店率为 6%。试问就 10 月 2 日而言，该饭店：

（1）应该接受多少超额订房？

（2）超额预订率多少为最佳？

（3）总共应该接受多少订房？

2. 情景模拟

要求：熟练掌握电话订房的受理程序。

▲ 工具：准备客房预订单、电话机、装有前厅接待软件的电脑（或可售房间状况报告单）等。

▲ 场地：模拟前厅、模拟客房预订部。

▲ 情景：1 人扮演客人、1 人扮演客房预订员。

▲ 模拟练习步骤：

（1）铃响 3 声之内接听电话。

（2）主动问候客人、自报部门。

（3）询问客人姓名和预订要求（抵店日期、预住天数）。

（4）介绍房型、房价。

（5）确认预订，填写客房预订单。

（6）询问客人的具体抵店时间、接机时间、航班号等，并说明房间保留时间。

（7）询问预定人姓名和联系方式。

（8）复述预订内容。

（9）完成预订，向客人致谢。

（10）预订单录入电脑，存档。

对情景模拟过程进行检查和评价，结果填写在表 2—8 中。

表 2—8　情景模拟检查表

检查项目和内容	规定分数	实际分数	优	良	合格	不合格
①接听电话、问候客人、自报部门						
②询问客人的预订要求						
③介绍房型、房价						

续表

检查项目和内容	规定分数	实际分数	优	良	合格	不合格
④确认预订，填写预订单						
⑤询问抵店时间、接机要求、代理人情况						
⑥复述预订内容						
⑦致谢，完成预订						
⑧录入电脑与存档						

第三章 前台接待

前台接待处通常位于饭店的前厅，它的主要任务是负责对客的服务接待和客房的销售，是前厅服务与管理的中枢。

前台接待处的主要职责是接待散客和团队的入住登记，并根据不同地区和国家的客人的住宿要求，合理的安排房间。前台接待工作的质量与效率对于整个饭店的形象和饭店的营销有着重要的意义。

学习目标

☆掌握前台接待的技巧与准备工作。

☆掌握前台入住登记的接待程序。

☆了解商务楼层的工作内容。

☆了解客房推销技巧。

☆掌握房态控制的内容与方法。

第一节　前台接待准备

饭店前台接待员给人的感觉是亲切、友善、彬彬有礼。他们的言行举止、亲和力、语言能力和计算机运用能力等方面都比饭店其他部门员工有更高的要求。

一、前台接待技巧

前台接待员担负着“饭店的外交大使”“饭店的推销员”“信息的提供者”“矛盾的调解人”“资料的保存者”等多种角色，因此要做一名称职的接待员，必须掌握一些接待技巧。

1．多行注目礼

当客人进入饭店大堂走向前台，接待员就要引起足够重视，为客人提供服务的时机到了。重视的表达方式是“内晓房态，外行注目礼”。“内晓房态”是指在客人询问有关情况之前，将现实房态了然于胸，不必等客人提问时去看电脑，要对答如流；“外行注目礼”就是要面带微笑，眼神亲和地看着客人，目光要柔和地散落在对方的脸上，忌讳斜视、眯视或长时间盯视，如图3—1所示。恰当的注目礼时间既让客人感觉到接待员对自己的重视，又不会使客人感觉尴尬。第二次注目礼是客人办理离店手续走出大门的这段时间。这个注目礼一定要行，而且一定要专注，不能游离、分心，要让客人感觉你一直在目送他，有离别之情，有依依不舍之意。

图3—1　前台接待的注目礼

2．主动交流

主动交流是指客人在办理手续过程中接待员（包括行李员、收银员）如何打破冷场局面，让客人不会感到无聊的服务。通常情况下，客人办理入住手续途中只是静静地等待，退房手续则更长一些。这不是客人希望的。对于外地客人，每一声如家般的问候、本地风土人情的介绍、商务环境的推荐等，都是客人希望从交流中得知的，前台接待员作为饭店与客人的第一接触者，理应担起这个义务。另外，在主动交流中还有一个互相配合的问题。如行李员还在搬运，接待员还在操作，收银员则可适时与客人交流，得体的言行会减少客人等待的焦急感，更重要的是让客人感觉到饭店对自己的重视。

3．注意语言的艺术

接待员必须“能说会道”，注意语言的艺术。

“能说”指能够用客人使用的语言跟客人交流。在我国，除了普通话以外，接待员必须会说外语（英语为必备语种），否则，必将影响接待工作和对客人的服务质量。在许多沿海地区，因为有大量港澳同胞和海外华侨，所以接待员还须会讲粤语、闽南话、客家话、潮州话等地方方言。

“会道”是指语言讲究艺术性。接待员在接待客人的过程中，与客人进行语言交流的机会很多，如果不讲究语言的艺术性，就有可能会在不知不觉中得罪客人，更谈不上让客人满意了。

客人是有血、有肉、有感情的人，服务用语在不同场合对不同类型的客人的运用上机械简单地照搬“模式语言”会造成客人的不快。如“请慢走”本是一句礼貌用语，但已经不能适应现代高效率、快节奏的生活方式，可改为“请走好”。再如“一路顺风”的祝愿语，现在也已很少使用，因为现在旅客乘坐飞机的机会多了，担心发生安全事故，若改用“祝您平安”“祝您旅途愉快”则更好。

称呼客人的姓氏，对客人来讲是一首最美妙的音乐。“您好，先生！”对初来乍到的新客人来说，是一句很礼貌的问候语；但是，对常住客人来讲，却显得陌生和疏远。服务员应把常住客人当作老朋友看待，首先要注意称呼客人的姓氏，并根据客人的职务、喜好、性格等特点，说一些充分体现饭店关心客人、尊重客人的话。如“××先生，今天满面春风，一定是遇到高兴的事情了”等。另外，即使是使用同一句服务用语，针对不同年龄、身份的客人，也应采取不同语气：年长者——尊敬；年轻人——亲切；年幼者——关爱等。学会在不同的场合和时间，在客人面前扮演客人喜欢的不同的服务角色，才能达到恰到好处的服务效果。

4．办事要利索

前台办理入住手续应不超过3分钟，用现代高科技前台系统更快。但目前大部分饭店还不能达到这个要求，尤其是退房，通知、查房、再通知、再汇总的程序必须要做，多数饭店考虑到了这个情况，在前台旁设有休息处、阅览处，以方便客人等待。客人对正常的等待是可以理解的，但是有些办事不利索的接待员做事慢慢吞吞、反反复复，容易引起客人投诉。比如客人问还有空的××房吗？接待员理应对答如流，而不是还必须查一下电脑才能报出。还有查房，不仔细、不利索，甚至还算出一些糊涂账，引起客人不快。这些都是业务不精而导致办事拖拉的表现。

5．做到见面熟

前台接待对客人特别是一些常客通常采取"一回生二回熟、三回四回成朋友"的做法。只要客人住过一次，第二次入住时，接待员就如老朋友似的招呼："××先生，您好，很高兴又能为您服务。"此话一出，哪有客人不高兴之理。要想亲近客人，打动客人，就要熟记客人的姓名、体貌特征、习惯嗜好、职位等。前台接待员要在工作中去体会、去实践、去锻炼，提高自己与客人见面熟的功夫。

6．注意保护客人隐私

饭店是人员密集混杂的公共场所，如果服务程序不严密、管理措施不到位，顾客的隐私将难以得到保护。前台接待员要注意对以下几方面的客人信息进行严格保密。

（1）客人的个人信息。姓名、性别、联系方式、证件号、出生日期和地址等。

（2）客人的住店信息。住客房间号、抵离店日期、消费记录、特殊要求、服务喜好、所拨电话、所收传真及电话留言等。

（3）与客人有业务往来的个人、机构的联系方式及相关信息。

（4）其他需要保密的资料。

二、前台接待的准备工作

前台的接待准备工作包括：熟悉并掌握客人的房间分配，了解客满时的接待方法和技巧，接待员怎样与团队领队一起做好团队接待工作，学会正确控制客房状况。

为了缩短客人办理入住登记的时间，提供准确、快捷的服务，接待员应做好以下几个步骤：

1．制定用房预分方案

为了方便顾客，同时对客房的分配进行有效管理，接待人员应对事先预订的散客和团队，根据预订确认书中要求的房间类型和数量，提前制定用房预分方案。

2．检查待出售房间

对预留的房间，接待人员要同客房部保持联系，注意电脑终端客房状况的变化，尽量使待出售房间进入销售状况。特别是对VIP客人的房间，要由大堂副理亲自检查。前台主管要复查各项预分房间是否合适，有无差错。

3. 准备入住资料

将登记表、欢迎卡、客房钥匙，结账和其他有关单据、表格等按一定的顺序摆放，待客人入住登记时使用。

服务提示

客房分配注意要点

根据客人的不同类型，饭店在客房分配时，要注意以下几点：

◆ VIP 客人用房

在房间的选择上应是同类客房中方位、视野、景致、环境、房间保养等方面处于最佳状态的房间，并注意客房的保密与安全。

◆ 常客用房

常客用房接待人员应根据“客人历史资料卡片”代为填写入住登记表，只留客人签名一项空白，待客人到达时由客人亲自填写。

◆ 有特殊要求的订房

对有特殊要求的订房，接待人员可根据实际情况尽量满足客人的要求。如对于老、弱、伤残和带小孩的客人，一般应安排在低层，离服务台或电梯较近的房间，以便于服务人员对其照顾，也便于客人的出入。

◆ 团队用房预分

按照“团队接待通知单”的用房要求，填写排房名单，团队用房要尽量安排得相对集中，避免分散带来的不便。依据已掌握的信息，事先将已知的内容填入“团队客人登记表”，并按分配表为每个客人制作房卡、准备好钥匙。

第二节　前台入住登记

饭店不同，客人类别不同，入住登记的步骤也不同。我们将具体的、标准的前台入住程序分为散客入住登记、团队入住登记和 VIP 入住登记三种。

一、散客入住登记

1．问候客人

客人在距前台大约 2 米时，前台接待员应目视客人，并向客人微笑致意。如果此时接待员正在打电话，那应该先向电话里的客人道歉："请您稍等一下"，然后问候刚抵达的客人："先生（小姐），您好，很高兴为您服务。"

2．确认客人有无预订

（1）客人已订过房的情况

接待员应迅速查阅"次日抵客一览表"或"预期到店表"，并复述其订房主要内容，尤其是客人所订房间种类、住店夜次，经客人确认后，请客人填写登记表，对于携带订房凭证的客人，接待员应礼貌地请其出示订房凭证的正本，然后注意检查下列内容：订房凭证发放单位的印章、客人的姓名、饭店的名称、住宿天数、房间种类、用餐安排、抵离日期等。

（2）客人未经预订而直接抵店的情况

接待员应首先询问客人的住宿要求，同时查看当天的客房预订状况及可售房情况，以判断能否满足客人的要求。若能提供客房，则请客人登记有关内容，准备排房；若不能提供客房，则应设法为客人联系其他饭店，给客人以耐心细致的帮助。

3．信用验证

（1）优惠客人的信用验证

总经理有权对重要客人和有影响的客人实行优惠。受优惠的客人不需在前台验证，通常由公关人员陪同进房间登记，登记时，公关人员要灵活地验证客人的身份。

（2）散客验证

散客主要验证护照或身份证，确认付费方式，如果使用信用卡付费，还要验证信用卡的签发日期、地点。对无预订散客应有严格的验证手续。

饭店是为客人提供食宿等综合服务的场所，所以饭店有义务接待前来住宿的顾客。在很多国家，饭店如果没有正当理由就拒绝客人留宿，该客人有权利向法院提出诉讼。但是这并不意味着饭店必须无条件接待任何客人。那么有哪些客人饭店是可以不予接待的呢？

《中国旅游饭店行业规范》规定以下情况饭店可以不予接待：

- 携带危害饭店安全的物品入店者；
- 从事违法活动者；
- 影响饭店形象者；

◆ 无支付能力或曾有过逃账记录者；

◆ 饭店客满；

◆ 法律、法规规定的其他情况。

另外，按照行规，饭店或饭店协会通报的不良分子或列入黑名单的人，饭店可以不予接待。

知识链接

饭店黑名单

饭店有以下几种黑名单：

1. 饭店工作人员黑名单。一个饭店员工如果因某些表现行为不好而被辞退，则其他饭店也不会录用。

2. 当地职能部门将条件不合格的饭店列出一个清单，提醒消费者。

3. 饭店针对来店消费的客人做的黑名单，警示其他饭店此客人有过不好的消费行为。

4. 登记

对于已预订的散客，由于饭店对客人订房时就已掌握其部分资料，因而在客人实际抵店前，便可将有关内容打印在登记表中，形成预先登记表，并将其按客人姓名字母顺序排列在专用箱内。客人抵店时，即可根据姓名迅速查找出客人的预先登记表，请其填写其他有关内容，签名，经核对证件后，就可完成登记。

饭店制作的入住登记表必须满足下列条件：

(1) 国家法律对中外客人所规定的登记项目：国籍、姓名、出生日期、性别、护照和证件号码；签证种类、号码及期限；职业、停留事由、入境时间和地点及接待单位。

(2) 饭店运行和管理所需的登记项目：房间号码、每日房价、抵离店时间、结算方式、住址、住客签名、接待员签名、饭店责任声明。

(3) 填写入住登记表：国内旅客、境外人员分别填写不同的登记表，见表3—1、表3—2。

表 3—1　国内旅客住宿登记表

房号：　　　　房租：　　　　接待员：

姓名	年龄	性别	籍贯	工作单位	职业
			省　市 县		
地址				从何处来	
身份证或其他有效证件名称				证件号码	
来宿日期			退宿日期		

同宿人	姓名	性别	年龄	关系	备注	

请注意：	离店时我的账目结算将交付：
1. 退房时间是中午 12:00 前。 2. 贵重物品请存放在收款处之免费保险箱内，阁下一切物品之遗失，饭店概不负责。 3. 来访客人请于晚 11:00 前离开房间。 4. 房租不包括房间里的付费食品。	□ 现金 □ 旅行社凭证 □ 信用卡 客人签名：

表 3—2　境外人员临时住宿登记表

REGISTRATION FORM OF　TEMPORARY RESIDENCE　FOR　VISITORS

用正楷字填写（IN Block LETTERS）　日租（DAILY RATE）：

房号（ROOM NO.　）：

姓名：　FIRST NAME： SURNAME： MIDDLE NAME：	出生日期： DATE OF BIRTH：	性别： SEX：	国籍或籍贯： NATIONALITY OR AREA：
停留事由： OBJECT OF STAY：	入住日期： DATE OF ARRIVAL：	退房日期： DATE OF DEPARTURE：	公司名称或职业： COMPANY NAME OR OCCUPATION
国（境）外住址：HOME ADDRESS：			

PLEASE NOTE：	离店时我的账目结算将由： ON CHECKING OUT MY ACCOUNT WILL BE SETTLED BY：
1. CHECK OUT TIME IS 12:00 NOON. 2. VISITORS ARE REQUESTED TO LEAVE GUEST ROOMS BY 11:00 PM. 3. ROOM RATE NOT INCLUDING BEVERAGE IN YOUR ROOM.	□ CASH　□ T/A VOUCHER □ CREDIT　□ COMPANY GUEST SIGNATURE:__________

续表

以下由服务员填写 FOR CLERK USE				
护照或证件名称：	号码：	签证种类：	签证号码：	签证有效期：
签证签发机关：	入境日期：	口岸：	接待单位：	
备注： REMARS：				
值班服务员签名： CLERK SIGNATURE：				

服务提示

客人不愿登记信息的处理

有些客人由于怕麻烦或为了保密或为了显示自己作为常客或老板等特殊身份和地位，住店时不愿登记或登记时有些项目不愿填写。这时接待员应该怎么办？

1. 耐心地向客人解释填写住宿登记表的必要性。

2. 若客人怕麻烦或填写有困难，可以代其填写，只要求客人签字确认即可。

3. 若客人有顾虑，怕住店期间被打扰，而不愿他人知其姓名、房号或其他，可以告诉客人，饭店可以将客人的这一要求输入电脑或记录下来，通知有关接待人员，保证客人不被打扰。

此外，针对这种情况，饭店方面也应做出努力，改进服务。比如建立客史档案，这样当客人再次光临时，就可以根据客史档案中的有关资料，提前为客人填妥登记表上的有关内容，客人抵达时，只要签个名即可。另外，对于某些常客、商务人员及其他 VIP 客人，可以先请客人坐在大堂，为客人送上一杯茶（或咖啡），然后前去为客人办理登记手续，以显示对客人的重视和体贴。

5．排房、定价

根据客人的不同需求及饭店的具体情况，给客人安排合适的房间，并给予相应的房价。

（1）为了提高饭店的开房率和客人的满意程度，排房要讲究以下几点：要尽量使团体客人（或会议客人）住在同一楼层或相近的楼层，这样便于团队客人之间的联系与管理，另外团队离店以后便于将大量空房安排给下一个团队。一般情况下，散客由于怕受干扰也不愿意与团队客人住在一起。所以对团队客人要提前分好房间或预先保留房间。

（2）对于残疾人、年老的客人、带小孩的客人，尽量安排在离服务台和电梯近的房间。

（3）把内宾和外宾分别安排在不同的楼层。内宾和外宾有不同的语言和生活习惯，因此分配在不同楼层便于服务和管理，提高客人的满意程度。

（4）对于常客和有特殊要求的客人予以照顾，不要把关系不和谐的国家的客人安排在同一楼层或相近的房间。

（5）要注意房号的忌讳。如西方客人忌讳"13"，港澳客人忌讳"4"等。

6．确定付款方式

对于采用信用卡结账的客人，接待员应检查信用卡的完好程度及有无破损，并检查其有效期（亦可查阅注销名单），然后使用信用卡影印机，将客人的信用卡影印成签购单，并将其信用卡签名册购单和账单一起交给前台收款处签收。同时，也应注意信用卡公司对持卡者在饭店使用信用卡底额限制的规定。

对于使用现金结账的客人，接待员应根据饭店的定金政策，判断客人是否需要预先付款，然后根据客人交付的预付金额来决定所给予的信用限额。

饭店预先收取客人的押金数额＝房租×（预住天数＋1）

对于以转账方式结账的客人，一般在订房时就已向饭店提出这一要求，并获得批准，此时，接待员应向客人说明属于转账款项的具体范围，如房租、三餐费用等，如客人在办理入住登记手续时才提出以转账方式结账，饭店通常不予受理。

7．完成入住登记手续

排房、定价、确定付款方式后，接待员应请客人在准备好的房卡上签名（房卡是接待员在客人填写登记表的同时，反向倒看填写制作的），随后将客用钥匙交给客人，并将饭店为客人保存的邮件、留言单等转交客人，有些饭店还向客人提供用餐券、免费饮料券、宣传资料等。接着，接待员应安排行李员运送客人行李，并将客人所在楼层及电梯位置告诉客人，祝客入住愉快。客人入住后，将入住信息通告相关部门，同时建立该客人的有关资料，作为今后对客服务的依据。

8．建立相关的表格资料

（1）在住宿登记上录入入住的日期与时间。

（2）将客人资料录入电脑。

(3) 标注《次日抵店客人名单》。

(4) 制作客房状况条，并插入显示架内。

(5) 制作客人账单，须注意以下两点：

1) 将与结账有关的事项（如客人所享受的折扣卡、信用卡号码、免费日期、付款方式等）详细记录在账单备注栏内。

2) 使用转账方式结账和持有订房凭证的客人，须制作两份账单：A 单是向签约单位收款的凭证，在该账单备注栏内，须注明转账款项及付款单位名称等；B 单是记录客人处理款项的账单。

到这一步，散客的入住登记手续已经全部完成。

二、团队入住登记

团队客人抵店时的接待服务要做到热情、礼貌、快速、准确，其基本程序如图 3—2 所示。

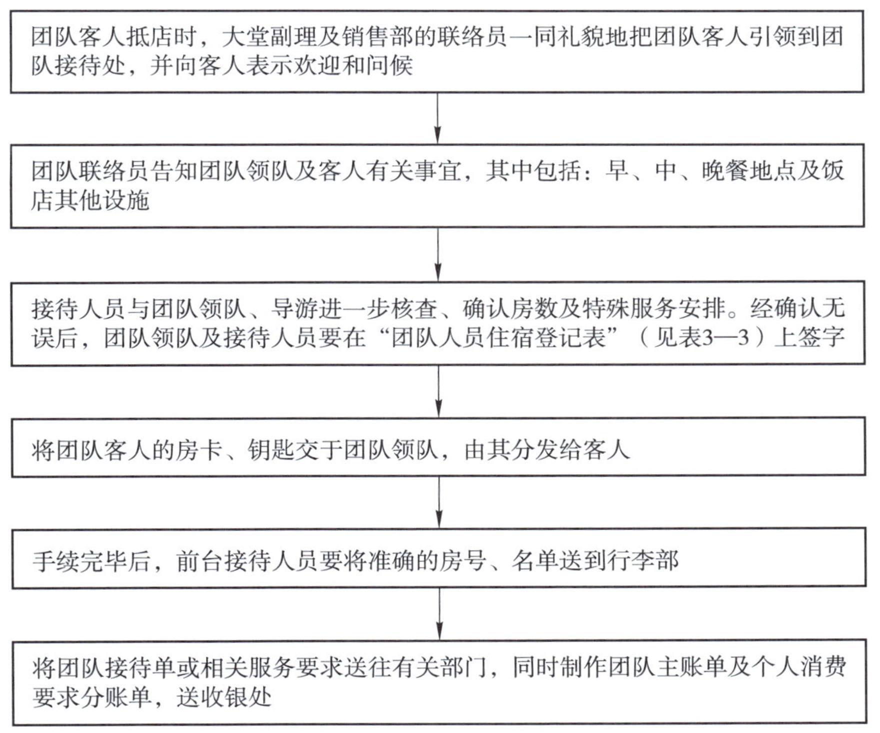

图 3—2　团队入住登记程序

表 3—3　团队人员住宿登记表

Registration Form of Temporary Residence for Group

团队名称：　日期：____年____月____日至____年____月____日

Name of Group：　Date：____Year____Mon____Day Till____Year____Mon____Day

房号 Rm NO.	姓名 Name in full	性别 Sex	出生年月日 Date of Birth	职业 Occupation	国籍 Nat.	护照号码 Passport No.
何处来：			何处去：			
留宿单位：			接待单位：			

三、VIP 入住登记

1．接待前的准备工作

（1）组成由相关部门人员构成的重要客人接待小组，负责重要客人的所有接待工作。

（2）了解重要客人的旅行目的、爱好、生活习惯、宗教信仰和禁忌、住店期间要求的额外服务等，以便为重要客人提供有针对性的“个性化”服务。

（3）根据重要客人的用房情况，安排相对安全、较好或最好的房间，制作重要客人信封，封内放好钥匙、入住登记卡、房卡等，另行放置。

（4）将重要客人即将入住的客房进行全面、彻底的清洁，并根据其特殊要求进行适当的布置（放上印好重要客人姓名的浴衣、拖鞋、信封，并放好有总经理签名的欢迎卡）。

（5）重要客人抵达时，接待人员同饭店驻机场代表在机场迎接。

（6）大堂副理甚至总经理在大厅等候，并通知客房中心，以做好接待准备。

2．重要客人抵店后的接待程序

（1）客人抵店时，由宾客关系人员（大堂副理或柜台接待员，根据前厅机构与分工确定）到门口迎接客人（必要时请总经理或有关部门经理到门口迎接），致欢迎辞。

（2）请行李员帮提行李，并将客人直接引入房间办理入住登记（也有的饭店在楼层接待柜台办理）。填写欢迎卡，然后返回前厅柜台做好账务登记、处理入住信息资料。

（3）向客人介绍饭店对他们的特别照顾或适当优惠，以使客人感受到贵宾服务的亲切感。

案例分析

一位很有身份的美国女士来华访问，下榻于北方一家豪华大饭店。饭店以VIP（重要客人）的规格隆重接待。这位女士很满意。陪同进房的总经理见女士兴致很高，为了表达饭店对她的心意，主动提出送她一件中国旗袍，她欣然同意，并随即让饭店裁缝量了尺寸。

不料几天后，总经理将做好的漂亮的丝绸旗袍送来时，这位女士却面露愠色，勉强收下。该女士离店时把这件旗袍当作垃圾扔在了饭店客房的角落里。总经理大惑不解，经多方打听才了解到，客人在饭店餐厅里看见女服务员多穿旗袍，而在市区的大街小巷时髦女士却无一人穿旗袍，因此她误认为那是服务人员特定的服装款式，故生怒气，将旗袍丢弃。总经理听说后啼笑皆非，为自己当初想出这么一个“高明”点子懊悔不已。

问题：请你评析饭店有哪些做得不妥的地方？

应采用的做法及评析：

饭店总经理失误的根源在于没有完全站在客人的立场上，设身处地为客人着想。既然本饭店的餐厅服务员多穿旗袍，而且街上身穿旗袍的女士确实难以看到，那么送旗袍给贵宾岂不有对贵宾不敬之嫌？虽然饭店送旗袍的本意并非如此，但产生这样的效果则是难以避免的。其实要表达对贵宾的敬意的方式是多种多样的，如为客人提供超常规的个性服务等。但是已经发生了这样的事故，饭店总经理不能光喊“冤枉”，而应设法与那位女士联系，表示歉意，作些解释并补送其他礼物等。另外，饭店方面还要认真总结教训，避免此类事情再次发生。

四、前台接待中的常见问题处理

1. 预订引发的问题

接待已预订的客人时，可能会遇到以下情况，应灵活处理。

（1）在当天的预订单上并没有该客人的名字

出现这种情况的原因有两种：一是客人没有预订；二是预订员的工作疏忽。无论哪种情况，如有空房，应马上满足客人的需求；如已客满，可请客人出示饭店发出的确认函。如果客人有确认函，应马上向客人道歉，并向客人提供价格高于预订房间的客房，高出的房费由饭店承担。如果高价客房已售完，则应以优惠价格出租稍低档次的客房给客人。如果本店已无空房，则应向客人介绍同档次的其他饭店，处理方式与“超额预订”的处理方式一致。如果客人无法出示确认函，且饭店已无空房，接待员应向客人解释清楚，并向客人介绍其他同档次饭店。

（2）停留天数与预订不符

预订客人抵店登记时，一定要与客人确认离店日期。如果客人提出的离店日期与当初的预订不符，尽量满足客人要求。如果当时饭店已经预订满了，可告知客人：“过两天再办理续住手续，有些客人可能提前离店，到时候优先给您保留房间”。

（3）预订客人提前抵店

如果客人早于预约时间抵店，而饭店当时又没有该档次的空房，可以建议客人在大堂等候，或把行李寄存在饭店后去办别的事宜。但是如果客人不同意，可以安排客人先在稍低档次的房间等候，以免客人入住预订房间时产生落差感。

2．旅游旺季，住店客人要求延住的情况

旅游旺季，住店客人要求延住，而当天饭店已订满，遇到这种情况，前厅工作人员应妥善处理，向客人解释饭店的困难，求得客人的谅解，为其联系其他饭店。如果客人不肯离开，接待员应立即通知预订部，为即将到店的客人另寻房间。如实在无房，只好为即将来店的客人联系其他饭店。

总之，处理这类问题的原则是：宁可让即将到店的客入住到别的饭店，也不能赶走已住店客人。

3．客人办理完入住登记手续进房间时，发现房间已有人占用

工作人员应立即向客人道歉，承认属于工作的疏忽，同时带客人到大堂或咖啡厅，等候重新安排客房。此时应为客人送上一杯茶（或咖啡），以消除客人烦恼。等房间分好以后，要由接待员或行李员亲自带客人进房。

第三节　商务楼层

商务楼层是高星级饭店（通常为四星级以上）为了接待高档商务客人等高消费客人，向他们提供特殊的优质服务，而专门设立的楼层。

一、商务楼层的特点

近年国内越来越多的三星级以上饭店相继改建并增设设备楼层，这既增加了饭店的经济收入，又提高了饭店的档次，改善了饭店的硬件设施，同时方便了商务客人。住在商务楼层的客人，不必在前台办理住宿登记手续，客人的住宿登记、结账等手续直接在商务楼层由专人负责办理。另外，在商务楼层通常还设有客人休息室、会客室、咖啡厅、报刊资料室、商务中心等。由此可见，商务楼层集饭店的前厅登记、结账、餐饮、商务中心于一身，为商务客人提供更为温馨、便捷的环境，让客人享受更加优质的服务。如图3—3所示。

图3—3　商务楼层

商务楼层的特点为：

1．特殊、快捷、方便的服务

（1）直接在商务楼层办理入住手续

凡是住商务楼的客人，都由客人关系部直接在大厅迎送到商务楼层办理入住手续。这项服务缩短了客人办理入住和离店手续的时间，并使客人享受到贵宾待遇。

（2）免费早餐及下午茶服务

凡住在商务楼层的客人可在商务楼层的小餐厅享受饭店提供的免费早餐和下午茶的服务。

（3）商务中心服务

凡住在商务楼层的客人，可在商务楼层设立的独立的商务中心享受到饭店为他们提供的打字、复印、翻译等多种商务服务。

（4）优雅安逸的会客休息空间

饭店在商务楼层为客人设立休息厅，客人可以在那里会客、读报、看电视等。

（5）其他服务

凡住商务楼层的客人都享受贵宾待遇，如客房摆放鲜花，送水果，在火柴盒上、信纸上、信封上印有客人的姓氏，或为客人准备小礼物摆放在房间。有些饭店还提供免费熨衣服务。

2．高房价

商务楼层的客房设施比普通客房齐全，如增加传真机、直拨电话、留言电话、电脑等，所以商务楼层的房价要比普通楼层的房价高出10%～15%左右。商务楼层一般都选择在饭店的最高层，这些高楼层视野开阔，房间采光比较好，也比较容易与普通楼层分隔开。

二、商务楼层客人入住接待程序

商务楼层客人的入住接待程序如图3—4所示。

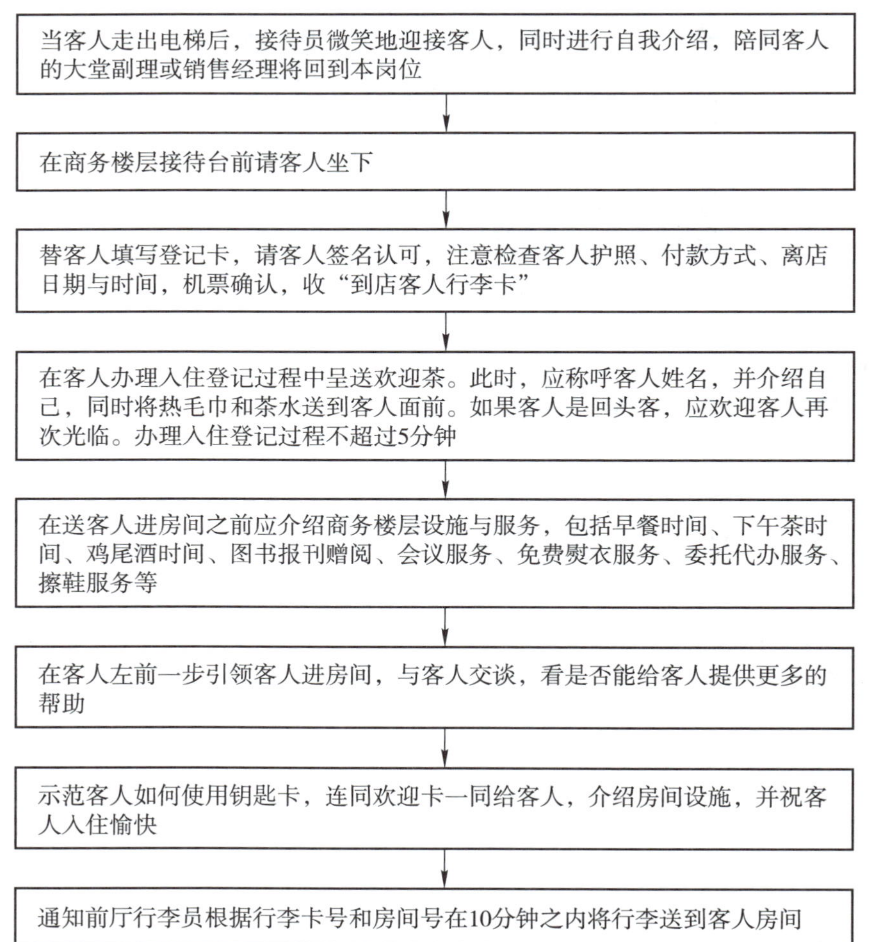

图3—4　商务楼层客人的入住接待程序

三、商务楼层日常工作流程

商务楼层日常工作流程如图 3—5 所示。

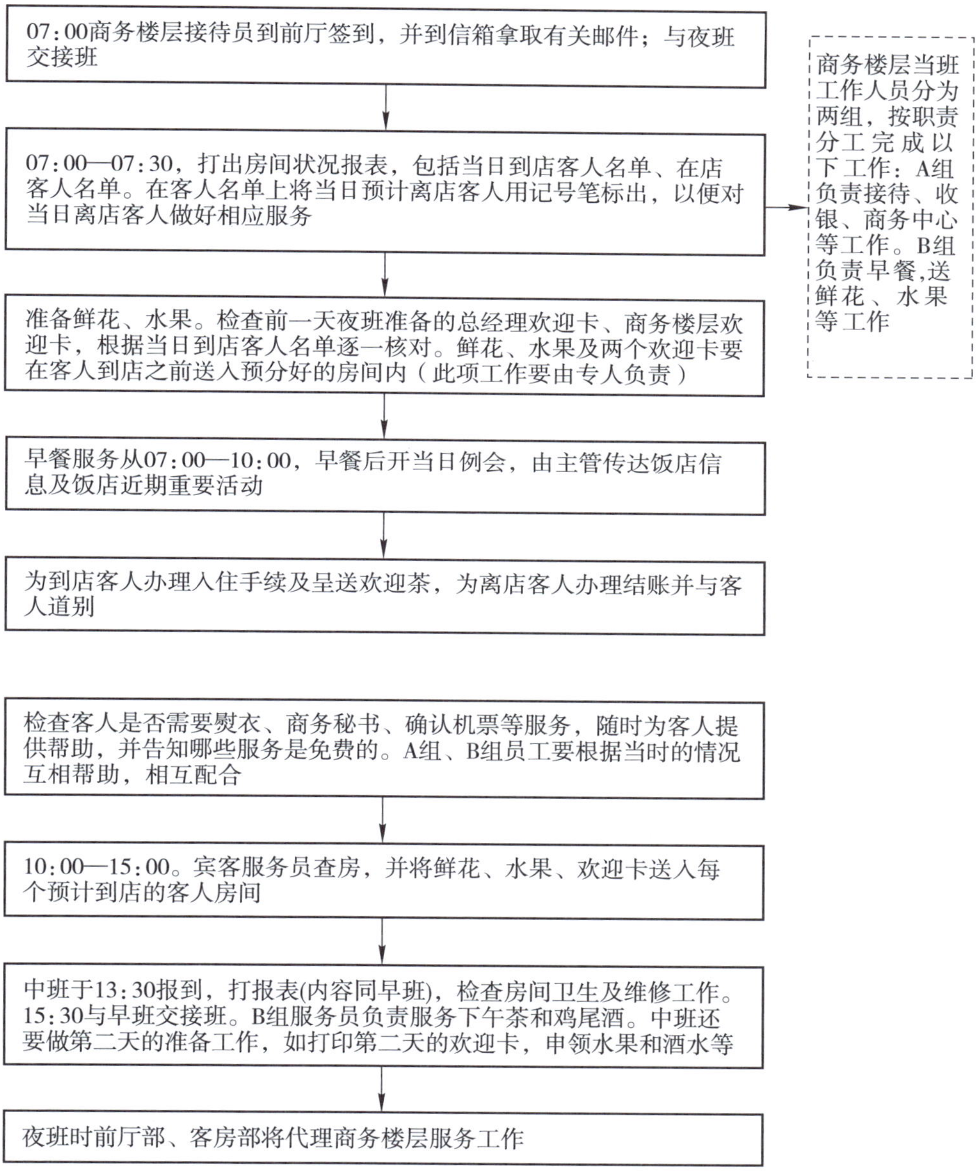

07:00商务楼层接待员到前厅签到，并到信箱拿取有关邮件；与夜班交接班

↓

07:00—07:30，打出房间状况报表，包括当日到店客人名单、在店客人名单。在客人名单上将当日预计离店客人用记号笔标出，以便对当日离店客人做好相应服务

→ 商务楼层当班工作人员分为两组，按职责分工完成以下工作：A组负责接待、收银、商务中心等工作。B组负责早餐,送鲜花、水果等工作

↓

准备鲜花、水果。检查前一天夜班准备的总经理欢迎卡、商务楼层欢迎卡，根据当日到店客人名单逐一核对。鲜花、水果及两个欢迎卡要在客人到店之前送入预分好的房间内（此项工作要由专人负责）

↓

早餐服务从07:00—10:00，早餐后开当日例会，由主管传达饭店信息及饭店近期重要活动

↓

为到店客人办理入住手续及呈送欢迎茶，为离店客人办理结账并与客人道别

检查客人是否需要熨衣、商务秘书、确认机票等服务，随时为客人提供帮助，并告知哪些服务是免费的。A组、B组员工要根据当时的情况互相帮助，相互配合

↓

10:00—15:00。宾客服务员查房，并将鲜花、水果、欢迎卡送入每个预计到店的客人房间

↓

中班于13:30报到，打报表(内容同早班)，检查房间卫生及维修工作。15:30与早班交接班。B组服务员负责服务下午茶和鸡尾酒。中班还要做第二天的准备工作，如打印第二天的欢迎卡，申领水果和酒水等

↓

夜班时前厅部、客房部将代理商务楼层服务工作

图 3—5　商务楼层日常工作流程

第四节　客房推销

如果说客房部和餐饮部是饭店的生产部门，那前台就是饭店的销售部门，尤其是在没有设立独立的销售部门的饭店，前台更要承担起饭店的全部销售任务。因此，前厅部员工，特别是前台员工一定要掌握客房推销的艺术与技巧。

一、客房推销基本要求

对于前台接待人员来说，要想在接待过程中成功地将客房推销给客人，自身要掌握相应的知识、信息，具备相应的素质。其中包括熟悉、掌握本饭店的基本情况及特点；了解、掌握竞争对手饭店的产品情况；熟悉本地区的旅游项目与服务设施；认真观察、掌握客人心理及需求；推销时积极、热情等。

1．掌握饭店的基本情况

前厅接待员应熟悉掌握饭店所处的地理位置及交通情况，饭店的建筑、装饰、布置的风格与特点，饭店的等级与类型，饭店产品的价格与饭店相关政策规定，饭店的服务设施与服务项目等。

2．准确描述客房的特点

前台接待的主要任务是销售客房而不是定价，所以必须首先了解所有客房的特点，在向客人介绍客房时，能够恰当地描述客房的特点，从而减弱客房价格在客人心目中的分量，突出客房能够满足客人需要的特点。另外，也可以带客人参观客房，并由专人讲解客房的特点。

3．表现出良好的职业素质

前台员工良好的职业素质是销售成功的一半。客人对饭店的了解和产品质量的判断总是从前厅员工的仪表仪容和言谈举止开始的。因此，前台接待人员首先要做到的是面带笑容，以端正的站姿、热情的态度、礼貌的语言、快捷规范的服务给客人留下良好的第一印象，为接下来的推销活动做好铺垫。

二、客房推销技巧

除了必须做到客房推销的基本要求以外，前台接待人员推销客房商品时要讲究推销技巧，它主要包括的内容有以下几方面：

1．突出客房产品的价值而不是价格

在销售客房产品过程中，接待人员应强调的是客房的使用价值，而不单是价格。正常情况下，等级越高、质量越好的房间，其价格也越高。因此在与具体客人洽谈价格的过程中，要根据客房的特点及客人自身的需要，在推销时对客房的使用价值加以描述。如“一间刚装修过的、宽敞的房间……”“一间舒适、安静、能看到美丽海景的客房……”“一间具有民族特色、装饰豪华的客房……”等。这类形容词非常丰富，而且能够让客人更加容易接受。当然，描述时应避免夸大、虚假地介绍客房的使用价值。要客观地描述客房，必须首先了解客房的特点，这是对前台员工的最基本要求之一。

2．把握客人的特点

不同的客人有不同的特点，对饭店也有不同的要求。因此，前台接待员在接待客人时，要注意从客人的衣着打扮、言谈举止以及随行人数等方面把握客人的特点（年龄、性别、职业、国籍、旅游动机等），进而根据其需求心理特点，做好有针对性地销售。

服务提示

不同类型客人的特点

不同类型客人的特点见表3—4。

表3—4　不同类型客人的特点

客人类型	客人特点
商务客人	①房价不太计较 ②客房安静，光线明亮，最好房内有所需的办公设备
旅游客人	①比较在乎房价 ②客房景色优美，干净卫生
年老、残疾客人	喜欢住靠近电梯和餐厅的房间
度蜜月夫妇	①客房安静，不受干扰，房间气氛温馨 ②有一张大床的双人房
知名人士、高薪阶层	喜欢档次比较高的套房

3．从高到低报价

从高到低报价，可以最大限度地提高饭店的利润率和饭店的经济效益。当然，这并不意味着接待每一位客人都要从“总统间”报起。而是要求前台接待员在接待客人时，首先要确定一个客人可接受的价格范围（根据客人身份、来访目的等特点来判断），在这个范围内，从高到低报价。根据消费心理学，客人常常会接受您先推荐的房间，如客人嫌贵，可降一个档次，向客人推荐价格次高者，这样就可将客人所能接受的最高房价的客房销售给客人。

4．选择适当的报价方式

根据不同的房间类型，客房报价的方式有三种。

（1）“冲击式”报价

即先报价格，再介绍房间所提供的服务设施与项目等。这种报价方式比较适合价格较低的房间，主要针对消费水平较低的顾客。

（2）“鱼尾式”报价

先介绍所提供的服务设施与项目以及房间的特点，最后报出价格，突出物美，减弱价格对客人的影响。

（3）“夹心式”报价

又称“三明治式”报价，即将房价放在所提供服务项目中间进行报价，能起到减弱价格分量的作用。例如，“一间舒适、宽敞的标准间，价格只有580元，房价还包括一份早餐、一次免费干洗……”。这种报价方式适合于中、高档次客房，可以针对消费水平高、有一定地位和声望的顾客。

总的来说，在报价时，应注意观察不同客人的特点与需求，不能夸大其词，也不能强人所难，要始终坚持客人利益第一的原则，注意语言的礼貌与精练。

5．用正面介绍引导客人

这里所说的“正面介绍”是指在推销客房过程中，接待人员要着重介绍各类型客房的特点和优势能够给客人带来的方便和好处，以及其与众不同之处。假如饭店目前只剩一间客房，客人无法选择，也应该说：“您运气真好，恰好还有一间漂亮的标准间！”而不应该说：“只有最后一间客房了！”让客人觉得在用别人挑剩的东西。

6．耐心推销，多提建议

客人犹豫不决的时候，正是前厅服务员销售客房能否成功的关键。此时，前厅服务员要正确分析客人的心理活动，千方百计地去消除他们的疑虑，多提建议，不要轻易错失任何一个可能消费的客人。

7．利益诱导

有些客人虽然已经做了预订，但预订的房间价格较为低廉，当这类客人来到饭店进行住宿登记时，前厅服务员便可使用利益诱导的方法针对他们进行推销，即告诉客人，只要在原价格基础上稍微提高一些，便可得到更多的服务或优惠。例如，“您只要多付100元钱，就可以享受包价优惠，除房费以外，还包括早餐和午餐，以及洗衣服务。”这种情况下，客人常常会听从服务员的建议。

8．注重推销饭店其他服务项目

不是所有客人都十分清楚饭店的设施及服务项目，尤其是初次到店的客人。前台接待人员在宣传、推销客房的同时，还应推销饭店的其他服务项目，要让客人感到饭店产品的综合性及完整性。同时，如果接待人员推销的服务内容恰好迎合了客人的需求，客人不仅乐于接受，更会对饭店，对接待人员细致、周到的服务表示感激。

案例分析

某饭店是一家接待商务客人的饭店，管理很严格。前台主管小王和其他两位服务员值班，11时进来了两位客人，小王很礼貌地招呼客人，并热情地向客人介绍饭店的客房。听了小王的介绍，客人对饭店的客房非常满意，同时，他们告诉小王，由于他们是商务客人，公司对他们出差住房的报批价格有规定，希望能给予他们房价的七折优惠。但是饭店规定总服务台主管只能有房价八折的权限，况且部门经理早已下班回家，小王想是否多销售两间客房和自己也没多大关系，于是非常礼貌地拒绝了两位客人的要求。最后这两位客人不得不失望地离开了这家饭店。

分析：

造成客人不满离开的主要原因是：

（1）前台主管在没有相应的折扣权限来满足客人要求的情况下，应及时向自己的上级领导汇报，求得帮助。

（2）员工的服务意识有问题，未能设法留住客人，增加饭店的销售。

（3）授权不足。

饭店应做出的调整：

扩大对前台基层管理人员的授权，使前台基层管理人员在为客人服务时，有相应的权限来满足客人的一些特殊要求。这样既能提高服务工作的效率，又能多留住一些客人。在授权时要对下属进行相应的培训，建立有关监督考核机制和使用操作程序，使授权管理得到控制。此外，还应建立有关激励机制、奖惩办法，增加饭店服务人员销售工作的干劲。

第五节　房态控制

前厅客房状态控制的目的在于保证正确显示客房状况，及时发现客房状况的差异，确保客房销售和饭店利益。正确显示客房状态最大的作用在于，能够确保前厅部掌握准确的可出租房信息，保证客房的销售和分配。

一、客房状态显示的种类

客房的基本状况通常分为“空房”（Vacant）、“住客房”（Occupied）和“待修房（Out of Order）”三大类型。

1. 空房（Vacant）

空房是指暂未出租的客房。空房可以分为以下几种情况：

(1) 已清洁空房 VC（Vacant Clean）：已完成清单整理工作，尚未检查的空房，还不能出售。

(2) 已检查空房 VI（Vacant Inspected）：已完成清单整理工作，并经过督导人员检查的空房，随时可以出租。

(3) 未清洁空房 VD（Vacant Dirty）：还未进行清洁整理的空房，不能出售。

(4) 走客房 CO（Check out）：客人刚刚离店，还没来得及清洁的空房。

(5) 预留房 BR（Block Room）：这是一种内部掌握的客房。对于一些大型团体客人、指定房间的预订客人、重要客人，饭店要提前为他们预留所需房间。

(6) 走单房 SK（Skip）：这是一种差异房态，指住客未结账而离开饭店，此时前厅房态为占用房，而管家房态为空房。

2. 住客房（Occupied）

住客房即住店客人正在使用的房间。住客房可分为以下几种情况：

(1) 已清洁住客房 OC（Occupied Clean）：已经完成清洁整理工作的住客房。

(2) 未清洁住客房 OD（Occupied Dirty）：尚未清洁的住客房。

(3) 携少量行李的住客房 LL（Occupied With Light Luggage）。

(4) 无行李的住客房 NB（No Baggage）。

(5) 请勿打扰房 DND（Do Not Disturb）：客房的请勿打扰灯亮着，或客房门把上挂着请勿打扰牌，服务员不能进入客房提供服务。

（6）外宿房 S/O （Sleep Out）：住店客人外宿未归的客房。

（7）双锁房 DL（Double Lock）：有时，客人为了不受干扰，在房内将门双锁，服务人员用普通钥匙无法打开其房门。对双锁房要加强观察，因为可能是客人错误操作，在离开房间时无意将门双锁；也有可能是客人生病甚至死亡。另外当饭店发现客房内设备严重受损，客房内有暴露的贵重物品或发生刑事案件时，饭店自己也做出双锁客房的决定。

（8）预期离店房 ED （Expect Departure）：客人入住记录中显示客人计划当日退房离店的房间。对这种状况的房间，前厅服务员应及时同客人联系，确认客人是否续住。

（9）饭店自用房 HU （House Use）：饭店因某些原因留下的自用房间。

（10）钟点房 HR （Hour Room）。

3．待修房（Out of Order）

（1）待修房 OOO （Out of Order）：硬件出现故障，正在或等待维修、改造的房间，有些情况并不影响出租。

（2）停用房 OOS （Out of Service）：因各种原因被暂时停用的房间。

二、客房状况显示系统

客房状况显示系统的发展经历了手工操作、半自动化控制和电脑管理系统 3 个阶段。过去，用手工操作和半自动化管理的前厅工作，常需要不少设备来辅助前厅工作人员操作，每一种设备只有一种功能。随着科技的进步和饭店业的发展，传统的管理设备在原有基础上引入了计算机信息系统，电脑技术在收集、整理、存储、传递等各方面的功能都能为房态管理服务。现代的客房状况显示系统——客房管理系统把信息存储在电脑记忆器中，每间客房的情况随时可以在电脑终端的显示屏上显示出来，无须再人工计算或审核各房间出售的情况，为前台人员提供了准确、快捷的客房、客人及影响客房出租所需调整的一切信息。通过中心网络的作用，使饭店房态管理工作朝着方便、快捷、准确、高效的方向发展。

1．客房管理系统的功能

饭店的客房管理系统是前台系统的核心组成部分，它是专门用来记录所有客房的住宿情况，包括住客房、走客房、待修房和空房等。它维护着最新的房态和房价信息，在客人办理入住登记时辅助客房分配，并协助完成许多对客服务和日常经营管理活动。当然客房管理系统的作用还远远不止这些，客房管理系统的重要作用可以归纳为以下几个方面：

（1）显示准确的客房信息

随时提供准确的当前房态信息是每一家饭店的前台快速准确地分配和销售客房，办理入住登记的前提条件之一。客房管理系统能够提供准确和详细的客房信息，比如床的类型、客房的朝向和景色、房内客用品等其他客房特征。前台服务员只要输入房间号码，该房间的当前状态就会显示在电脑屏幕上。

客房管理系统具有加强前厅部与客房部的通讯连接的能力。当前台为客人办理完结账离店后，系统会将房态从“住客房”改为“走客房”，提醒客房部尽快组织清扫，以加快客房的使用周转率。同样地，当一间客房打扫完毕可供出租时，客房部人员可以通过客房内电话机或部门的电脑终端更改房态（比如由“走客房”转变为“可租房”），该信息就能立即传送到前台。有些饭店可以通过客房内电话或电视与前台沟通，房态的变化可以在瞬间传送到前台，从而保证了前厅部与客房部之间的及时通信，从而极大地减少了房态差异的出现。房态差异指客房部按实地检查的结果制定的房态报告和前台工作人员以为顾客分房的、由前台维护的客房状态之间出现的差异，它严重地影响着顾客的满意度和饭店的盈利能力。客房管理系统会生成一个房态差异报告，给管理人员指出存在差异的客房并督促其加以核实。

（2）辅助分房

系统可以自动分配客房，或者根据不同的房间类型或房费检索客房存量并显示出简化的可租房列表，给前台工作人员提供分房指导，使其能够在办理入住登记时快速地向客人推荐客房。仅仅依靠房型来给顾客分配客房是远远不够的，系统通常能够提供详细的客房信息，比如床的类型、客房面积和位置、家具陈设等，以求最大限度地满足客人的要求。

客房分配通常按照事先确立的规则或要求来完成，一般情况下系统可以跟踪客房使用的历史情况，如使用频率等，并根据在所有可出租房存量中平均分布住宿负载的原则分房。另一些情况下，比如在淡季开房率很低的时候，系统会关闭某些楼层而开放另一些楼层，将顾客集中安排在较低的楼层里，这样可以极大地节省经营费用和能源消耗。

（3）提供住店客人信息

客房管理系统能提供住客的有关信息（如姓名、房号等），与该系统连接的终端可以设置在任何需要频繁接触客人为客人提供服务的工作地点，以增强工作人员对顾客的了解，由此建立提供个性化服务的信息平台。终端通常设置在前台、电话总机、大厅服务部（或行李部）、客房服务中心等，如果将销售点终端系统（POS）与客房管理系统连接，住客的信息还可以及时传递到各营业点

（如餐厅、酒吧、娱乐或健身中心等），在顾客要求将账单转到在店账户时，营业点收银员就可以事先核查顾客数据，确定特定房间的入住状态、准确的顾客姓名、顾客签单转账的授权批准等，从而防止将这些费用分摊到错误的顾客账户上，或者顾客拒绝签单转账。系统终端取代了传统的问讯架、电话号码簿、查询表等设施。

（4）组织饭店的业务

系统通过处理现有住客房数、预计离店和预计抵达客人数来预报需要清理的客房数目，并据此为客房服务员排班，还可以根据饭店的劳动定额标准为每个服务员分配指定的房间数目。同样，当日预计的离店和抵达人数也是管理人员为前台和大厅服务区域安排人员的基础。比较先进的客房管理系统还可以组织饭店其他部门的业务活动，例如当一间客房卫生间的排水管道出现了故障，或者某一间客房需要加床，将这些要求输入电脑，系统就会安排工程部或者客房服务中心的工作人员去完成。

（5）生成报表

系统可以生成诸多有助于经营管理的报告，例如：

1）预计抵达和离店报告。提供目前客房占用状况的总结性报告，显示当日的预计抵达房、延住房、离店房、未出售房的数量。

2）离店客人报告。显示已结账离店的顾客姓名、房号、账号和收费地址。

3）客房服务员分配报告。给客房服务员分配楼层和房间，并列出房间状态。

4）客房服务员生产力报告。比较先进的系统会记录客房服务员进出每一间客房的时间，并跟踪客房服务人员的分布，计算服务员清理的客房数目和清理每间客房所花费的时间，由此衡量每一个服务员的劳动生产率。

5）客房生产力报告。在月末、季末或年末，系统会根据客房入住率和所占全部客房收入的比率为不同类型的客房排列名次，该报告在客房更新、改造或扩建饭店时能提供有用的信息。

2．前台的房态控制工作

前台对房态控制的工作主要完成状态显示、登记结算和信息交换三大功能。

（1）状态显示

一般包括客房出租、故障、维修、清理、待查、“O”房等状态情况。

（2）登记结算

主要指选择“待租”房间为客人安排入住登记，并在客房入住后将客房的“待租”状态修改为“已租”状态；客人离店后将“已租”状态修改为“退租”状态。所有相关工作站的状态显示得到同步修改，服务员即可根据此信息安排房间的情况。

（3）信息交换

主要是指与其他相关工作站之间相互交换信息，并协同处理有关事务。

三、房态信息的沟通

为了及时而准确地掌握房态，前厅部管理人员必须做好部门间及部门内部的信息沟通。

1．销售部、预订处、接待处之间的信息沟通

要做好销售部、预订处、接待处之间的信息沟通，以确保客房预订显示系统的正确性。

（1）销售部与前厅部的预订处、接待处之间的信息沟通

销售部应将团体客人（包括会议客人）、长住客人等订房的信息及时通知前厅部预订处。预订处、接待处也应将散客的订房情况和住房情况及时通知销售部。销售部与前厅部的管理人员应经常在一起研究客房销售的预测、政策、价格等事宜；旺季期间应就团体客人与散客的比例达成初步的协议，最大限度地提高客房使用的经济效益。

（2）预订处与接待处之间的信息沟通

前厅部的接待处与预订处之间的信息沟通对于正确显示和控制房态具有同样重要的意义。接待处应每天填写“客房状态调整表”（见表 3—5），将实际到店的客房数、临时取消客房数、虽预定但未抵店的客房数、换房数等信息书面通知预订处。预订处据此更新预订汇总表等预定资料。

表 3—5　　客房状态调整表

星期　　日期

房号	类型	姓名	需作调整的日期		备　注
			自	至	

备注　N/R：未经预订、直接抵店　　EXT：延期离店
CNL：取消　　UX_DEP：提前离店
NS：订了房，但尚未抵店

2．客房部、接待处、收银处之间的信息沟通

要做好客房部、接待处、收银处之间的信息沟通，以确保客房现状显示系统的正确性。

（1）接待处与客房部之间的信息沟通

前台接待处应将客人的入住、换房、离店等信息及时通知客房部，客房部则应将客房的实际状况通知前台，以便核对和控制房态。两个部门的管理者还应就部门沟通中存在的问题，客人对客房的要求，客房维修、保养计划安排等事宜进行经常性的讨论与磋商。

（2）接待处与收银处之间的信息沟通

客人入住后，接待员应及时建立客人的账单，并交收银处。客人住店期间，如住房或房价有了变化，接待员也应使用客房、房价变更通知单将信息通知收银处。而客人离店以后，收银处则应将客人的离店信息通知接待处。

思考与练习

1. 某饭店现有三种房型：一种是价格为 880 元每晚的豪华套间；一种是正在促销的特价单人间，价格是 380 元每晚；还有一种是 580 元每晚标准双人间。请问，对于这三种房型接待员应采取哪一种报价方式？

2. 情景模拟

要求：熟练掌握受理散客入住登记的条件；规范散客入住登记程序。

▲ 工具：准备入住登记表、预订资料、欢迎卡、身份证、现金、房卡、钥匙等。

▲ 场地：模拟前厅、模拟前台。

▲ 情景：1 人扮演散客、1 人扮演饭店接待员（有预订和无预订的情况）。

▲ 模拟练习步骤：

（1）问候客人。

（2）确认客人有无预定。

（3）填写登记表。

（4）排房、定房价。

（5）决定付款方式。

（6）完成入住登记手续。

（7）制作有关表格。

对情景模拟过程进行检查和评价，结果填写在表 3—6 中。

表 3—6　　情景模拟检查表

检查项目和内容	规定分数	实际得分	优	良	合格	不合格
①问候客人						
②确认客人有无预订						
③信用验证						
④登记						
⑤排房、定价						
⑥确定付款方式						
⑦完成入住登记手续						
⑧建立相关的表格资料						
⑨表格资料的分析和利用						

第四章 前厅服务

客人到饭店入住，除了需要前厅部员工为其办理入住接待手续，还有很多其他需求，比如到机场接机、帮忙提行李、租借电脑、订机票、行李的寄存等。针对客人的多种需求，前厅部设有机场代表、门童、行李员、总机话务员、商务中心等岗位，向客人提供礼宾、委托代办、问讯、话务、商务等服务。

学习目标

☆掌握机场代表服务、门童服务、行李服务以及问讯服务的方法。

☆了解金钥匙的含义，掌握其服务要求。

☆掌握总机服务的方法。

☆掌握商务中心服务的方法。

第一节　礼宾服务

前厅部礼宾服务的主要内容包括：机场代表服务、宾客迎送服务、“金钥匙”服务（在第二节中将详细阐述）、行李接送服务、行李寄存服务、邮件递送服务、问讯留言服务、委托代办服务、物品租借服务、用车安排服务等，是饭店对客服务的重要组成部分，在很大程度上体现出饭店的服务质量。

一、机场代表服务

饭店的机场代表负责在机场、车站迎接饭店的预订客人和 VIP 客人。去机场、车站迎送客人是饭店服务的延伸，高星级饭店都为客人提供这项服务，在国外，不少青年旅馆等经济型饭店也为客人提供接机服务。

1．接机服务

接机服务是饭店礼宾服务的重要组成部分，饭店管理者应该充分重视，确保为客人提供热情、周到、专业、规范的服务，同时做好各项协调工作，避免漏接客人、让客人久等之类的情况出现。

接机服务流程包括以下几个步骤：

（1）确认接机信息

1）每天早晨和中午的班次机场代表在系统中打印接机报表，对礼宾部每天的车辆安排表进行检查，确保准确性，以免遗漏任何交通安排。

2）机场代表根据报表接机时间在机场查询最新航班时间，确保预期抵达时间更新。每 30 分钟查看预期抵达时间，如有任何改变，更新接机报表并通知饭店当班的礼宾部员工。

（2）准备工作

1）准备好打印有客人姓名、航班信息的接机牌，确保车辆在航班落地前 30 分钟到达机场。

2）手持接机牌在出口处容易看清楚的地方等候客人。

3）总是保持微笑，当客人走近你时说：“您好，×× 先生／女士，欢迎来到 ××。”

(3) 送往班车处

1) 介绍饭店和自己，并提供行李帮助："××先生/女士，我是××饭店的机场代表，我的名字叫××，让我帮您提行李吧。"

2) 清点行李数并与客人确认，及时通知司机到出口处迎接客人。

3) 告知班车时间，如客人愿意等候，提供报纸和饭店宣传册等供客人在候车时阅读。若机场代表并不忙碌，要与客人聊天。

4) 如客人不愿意等候，陪同客人前往出租车等候区，帮助客人安排出租车，告知司机饭店地址，确保客人知道饭店到机场的费用。给客人"带我去饭店"卡片，记下车号备查，然后和客人道别说："××先生/小姐，祝您入住愉快！"在叫出租车时再次与客人确认行李数。

(4) 通知饭店

1) 打电话通知礼宾部，客人已经在路上。

2) 确认细节，如客人乘坐的车型、车号、客人人数、行李数量和客人离开机场的时间。如果客人乘坐的是班车，通知礼宾部客人姓名、行李件数和人数；如果客人乘坐出租车，通知礼宾部出租车车号、出租车颜色、客人名字、客人人数和行李件数。

2. 机场送客服务

与客人告别时，机场代表应保证客人的行李准确完好，应注意根据客人的走向随时调整站位，微笑目送客户，祝福一路平安，等客人走出视线后再转身离开。如要陪送到车站、码头等，车船开动时要挥手致意，等开远了后才能够离开。

二、门童服务

门童（Doorman）是负责在饭店迎送宾客的员工，他们也可能是客人在饭店里第一个接触的对象，也是离店时最后一个接触的对象。门童的待客态度，往往能直接影响到客人对一个饭店的印象。因此，对门童的素质要求为：形象高大、魁梧，记忆力强，目光敏锐，接待经验丰富。如图4—1所示。

图4—1　饭店门童

1. 客人到店时的门童服务

(1) 欢迎

对于前来饭店的客人，门童要笑脸相迎，先主宾后随员、先女宾后男宾的顺序欢迎问候。载客车辆到店，负责外车道的门童就迅速走向车辆，微笑着为客人打开车门，向客人表示欢迎。逢雨天，客人到店时，要为客人打伞。

（2）开车门

凡来饭店的车辆停在正门时，门童必须趋前开启车门，迎接客人下车。一般先开启右车门，用右手挡住车门的上方，提醒客人不要碰头。对老弱病残及女客人应予以帮助，并注意门口台阶。

服务提示

为客人开关车门的注意事项

1. 注意客人的宗教信仰

遇到信仰佛教、伊斯兰教的客人时，不可把手放在车门框处，遇到泰国客人也应如此，因为他们认为人的头部是神圣不可侵犯的。

2. 客人乘坐出租车时

当客人乘坐出租车时，不要一停车就把车门打开，因为客人还要花时间结账，如果着急把车门打开，客人还没有出来，风吹进车里会使客人不舒服，特别是冬天。

3. 客人离店时

客人离店时，不可甩手关门，使车门发出很大的声响，应先握住门把手关到离门框 30 厘米左右停顿一下，看客人是否已将腿跨入车内，衣服是否被夹住，同时用敬语向客人道别，然后再用适中的力度将车门关紧。

（3）处理行李

遇到车上装有行李的情况，应立即招呼门口的行李员为客人搬运行李，协助行李员装卸行李，并注意有无遗漏的行李物品。如暂时没有行李员，应主动帮助客人将行李卸下车，并携行李引导客人至接待处办理登记手续，行李放好后即向客人交接及解释，并迅速到行李领班处报告后返回岗位。

（4）牢记车牌号和车辆颜色

门童要牢记常来本店客人的车牌号和车辆颜色，以便提供快捷、周到的服务。

（5）列队欢迎

重要客人或团队到达时，饭店要组织礼宾部员工列队到门口欢迎，服装要求整洁，精神要饱满。客人到达时，要鼓掌，必要时总经理和有关领导要出面迎接。在客人没有全部进店或车辆未全部开走前不得解散队伍。

2．客人离店时的门童服务

（1）准备好行李

客人离店时，门童应协助行李员装好行李，并请客人清点过目。

（2）开车门

要帮客人拉开车门，开车门时右手悬搁置车门顶端，主随客便自行上车。

（3）告别

送走客人时应向客人道别，祝福旅途愉快，目送客人离去，以示尊重。

服务提示

迎送客人的注意事项

1. 做好事前准备

迎送身份高的客人，事先在机场、车站、码头安排贵宾休息室，准备饮料。派人到机场等候客人，代替办理相关手续和提取行李。到达饭店后播放高雅的音乐，以消除客人旅途的疲劳。另外，也可准备一些最新的报纸、杂志。员工要训练有素，从而给客人留下美好、愉悦的第一印象。

2. 指派专人协助

指派专人协助办理相关手续及机票、车票、船票和行李提取或托运手续等事宜。重要代表团人数众多，行李也多，应将主要客人的行李先取出，最好请对方派人配合，及时送往住地，以便更衣。

3. 有针对性地迎送不同国籍的客人

饭店应根据不同国籍客人的到来，随时更换欢迎词文种。如果装上电动旋转式的大字标语牌，不断旋转亮出各国语言，会给客人一种宾至如归的亲切感。在客人住的房间里，再挂上一面小小的所在国的国旗，桌上放着印有该国语种的报刊，相信饭店与客人之间的感情距离会明显缩小。

三、行李服务

饭店的行李服务是由前厅部的行李员（Baggage Handler）提供的。行李员在欧美国家又称“Bellboy”“Bellman”“Bellhop”或“Porter”，其工作岗位是位于饭店大堂一侧的礼宾部（行李服务处）。礼宾部主管（或“金钥匙”）在此指挥、调度行李服务及其他大厅服务。

行李员是饭店与客人之间联系的桥梁，通过他们的工作使客人感受到饭店的热情好客。对于管理得好的饭店而言，行李员是饭店的宝贵资产。因此，对行李员的素质要求为：能吃苦耐劳，眼勤、嘴勤、手勤、腿勤。如图 4—2 所示。

图 4—2　饭店行李员

1．散客行李服务

（1）散客入住的程序（见图 4—3）

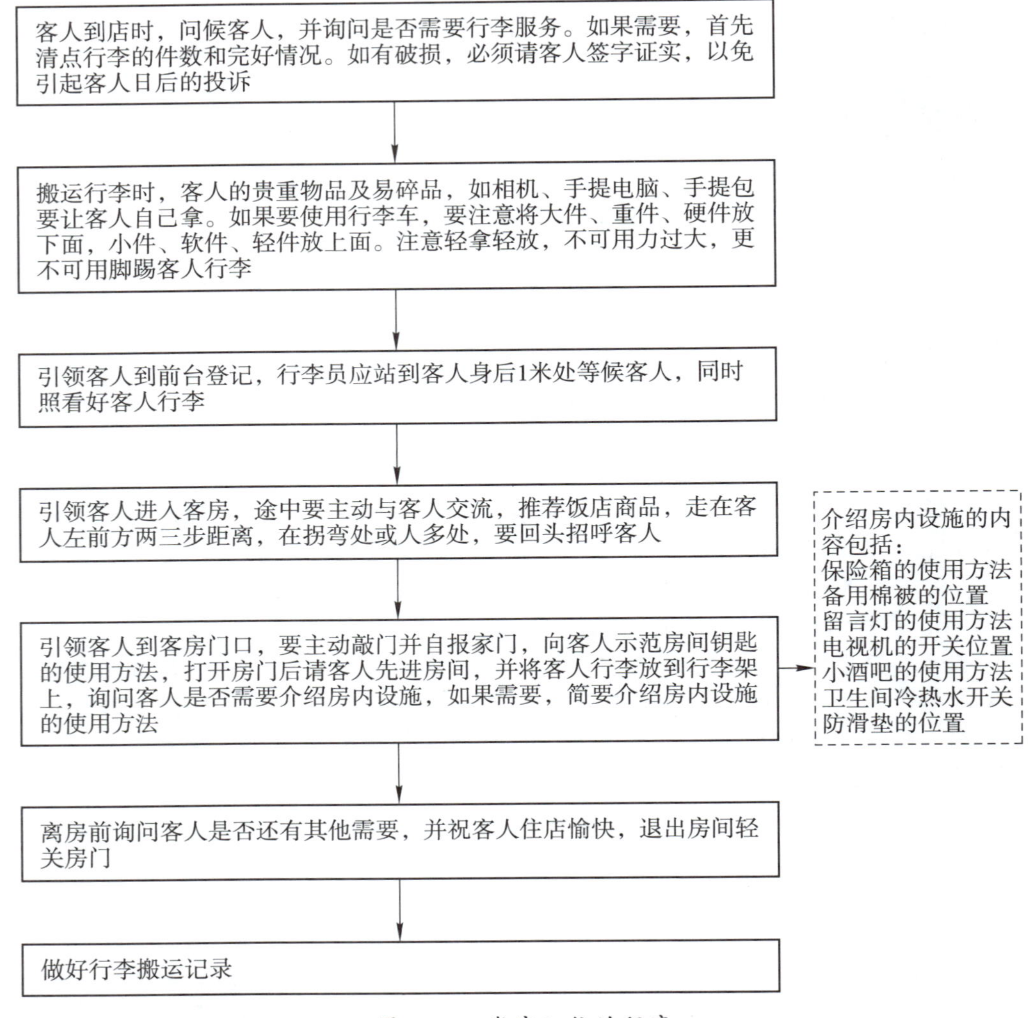

图 4—3　散客入住的程序

如果有几批客人同时抵店，可在办理完住店手续后与每一位客人确认行李，并在行李牌（见图 4—4）上写下房号，请客人们先上楼，然后将行李轮流送至客房。

如果客人办理完住店手续后不去房间，则需询问客人是将行李送至房间还是暂时保存在行李部。若客人希望暂时保存在行李部，可将行李牌下联交到客人手中，请其回到饭店后前来行李部领取；若客人希望直接送入房间，则在向客人确认完行李件数后，致电客房部请楼层服务员开门，将行李送入房间并在行李牌上注明“送空房”。

图 4—4 行李牌范例

如果客人因早到而暂时无法进入房间时，可建议客人将行李暂时存放在行李部。将行李牌下联交到客人手中，请其回到饭店后来行李部领取。

（2）散客行李存取

除违禁物品外，通常饭店为住客提供免费行李寄存服务。行李寄存时必须填写“寄存行李登记表”，见表 4—1，并将行李在规定区域摆放整齐，挂行李牌，以识别行李。行李寄存单下联交由客人保管，作为提取行李的凭证。如果客人丢失了寄存卡，则一定要凭借足以能证明客人身份的证件来放行行李。若非本人领取，也一定要请代领取人出示足以证明其身份的证件和委托领取行李的凭证。

表 4—1 寄存行李登记表

核对日期：

寄存日期	经手人	房号	客人姓名	件数	行李牌 NO.	提示牌	提取日期	提取时间	经手人	备注

（3）散客离店下电梯时行李员需注意的事项

如果客人随行李一起下楼，行李员要提醒客人再次检查房间，以免有物品遗忘，然后随客人一起下楼。

如果客人不随行李一起下楼，行李员则将行李牌下联交客人保存，再将行李运至大堂等候客人。

如果客人不在房间，则请客房部开门，将客人整理好的行李运下，检查房间，确保无遗漏，并在行李牌上注明“空房”。

若客人自行携带行李至大堂，行李员应主动上前帮忙搬运。同样填写行李牌，并将上联吊挂在行李或行李车上。

服务提示

行李车的使用

◆ 要求注意行李车的保养及清洁，保持其外表雅观。在值夜班时，要对行李车的转动摩擦部位加油，以免运载行李时发出声响。

◆ 行李员使用行李车时必须戴手套，以免使用过行李车后在其表面留下印迹。

◆ 行李车的装载数量要适量。

◆ 使用行李车时要特别小心前方和左右两边，不得让行李车碰到电梯、楼层的墙纸和门栓，避免损坏饭店的财产及增加维修项目。

◆ 推车时要注意周围的客人，切勿碰到或碰伤客人。

◆ 行李车不用时，应按指示排列整齐，切勿乱放，以免影响饭店给客人的观感。

◆ 装运行李时要小心轻放，千万不要重放，以免损坏客人行李，造成不良影响。

2. 团队行李服务

（1）团队抵店行李服务

团队客人的行李数量比较多，行李运送的流程相对比较复杂。团队抵店行李服务流程如图 4—5 所示。

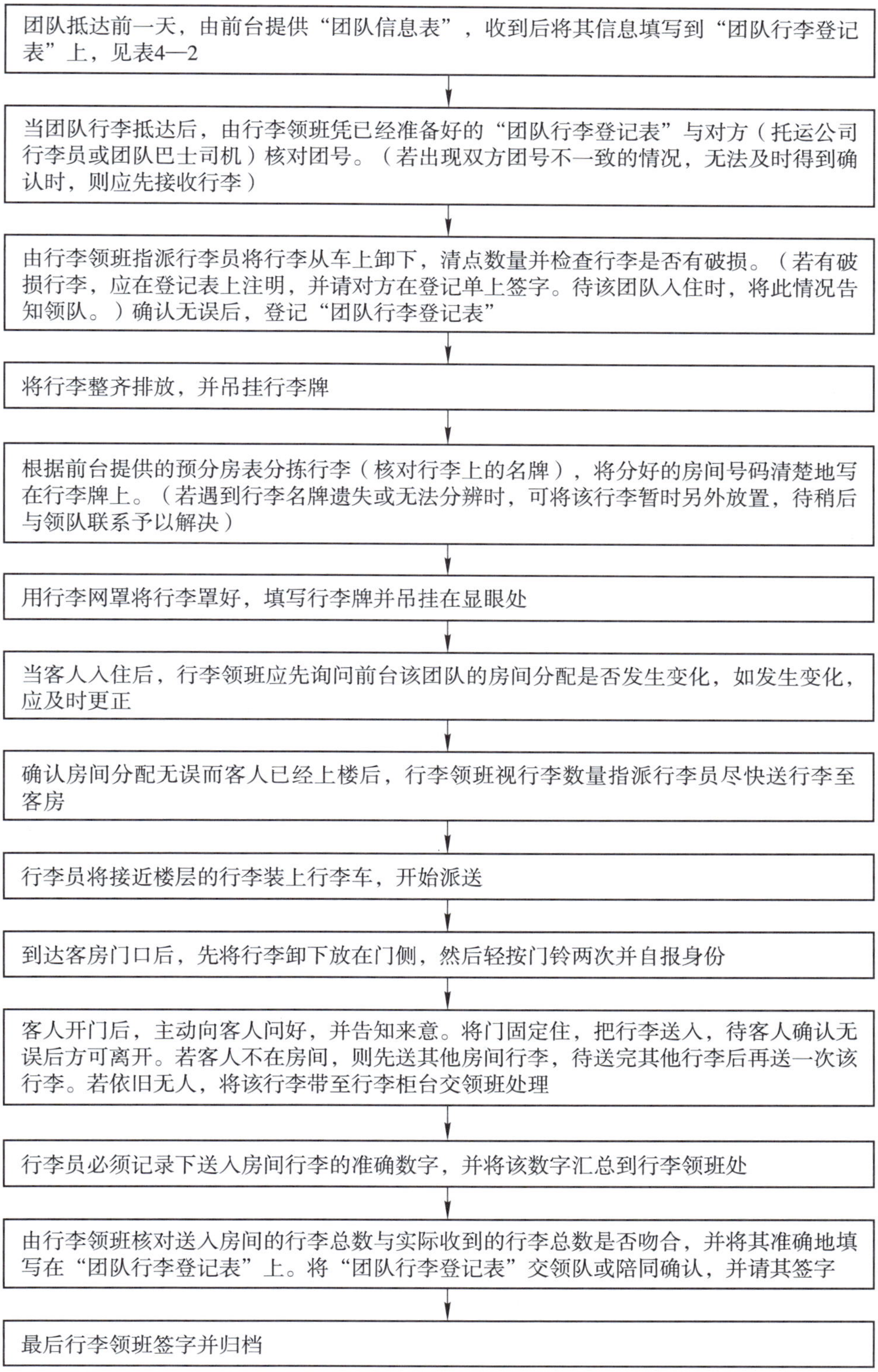

团队抵达前一天，由前台提供“团队信息表”，收到后将其信息填写到“团队行李登记表”上，见表4—2

↓

当团队行李抵达后，由行李领班凭已经准备好的“团队行李登记表”与对方（托运公司行李员或团队巴士司机）核对团号。（若出现双方团号不一致的情况，无法及时得到确认时，则应先接收行李）

↓

由行李领班指派行李员将行李从车上卸下，清点数量并检查行李是否有破损。（若有破损行李，应在登记表上注明，并请对方在登记单上签字。待该团队入住时，将此情况告知领队。）确认无误后，登记“团队行李登记表”

↓

将行李整齐排放，并吊挂行李牌

↓

根据前台提供的预分房表分拣行李（核对行李上的名牌），将分好的房间号码清楚地写在行李牌上。（若遇到行李名牌遗失或无法分辨时，可将该行李暂时另外放置，待稍后与领队联系予以解决）

↓

用行李网罩将行李罩好，填写行李牌并吊挂在显眼处

↓

当客人入住后，行李领班应先询问前台该团队的房间分配是否发生变化，如发生变化，应及时更正

↓

确认房间分配无误而客人已经上楼后，行李领班视行李数量指派行李员尽快送行李至客房

↓

行李员将接近楼层的行李装上行李车，开始派送

↓

到达客房门口后，先将行李卸下放在门侧，然后轻按门铃两次并自报身份

↓

客人开门后，主动向客人问好，并告知来意。将门固定住，把行李送入，待客人确认无误后方可离开。若客人不在房间，则先送其他房间行李，待送完其他行李后再送一次该行李。若依旧无人，将该行李带至行李柜台交领班处理

↓

行李员必须记录下送入房间行李的准确数字，并将该数字汇总到行李领班处

↓

由行李领班核对送入房间的行李总数与实际收到的行李总数是否吻合，并将其准确地填写在“团队行李登记表”上。将“团队行李登记表”交领队或陪同确认，并请其签字

↓

最后行李领班签字并归档

图 4—5 团队抵店行李服务流程

表 4—2　　团队行李登记表

日期：

编号	楼层	旅行团名称	到达宾馆			离开宾馆			备注（接待人签字）
			交通工具	时间	件数	日期	时间	件数	
1									
2									
3									
4									
总数									

（2）团队离店行李服务（见图 4—6）

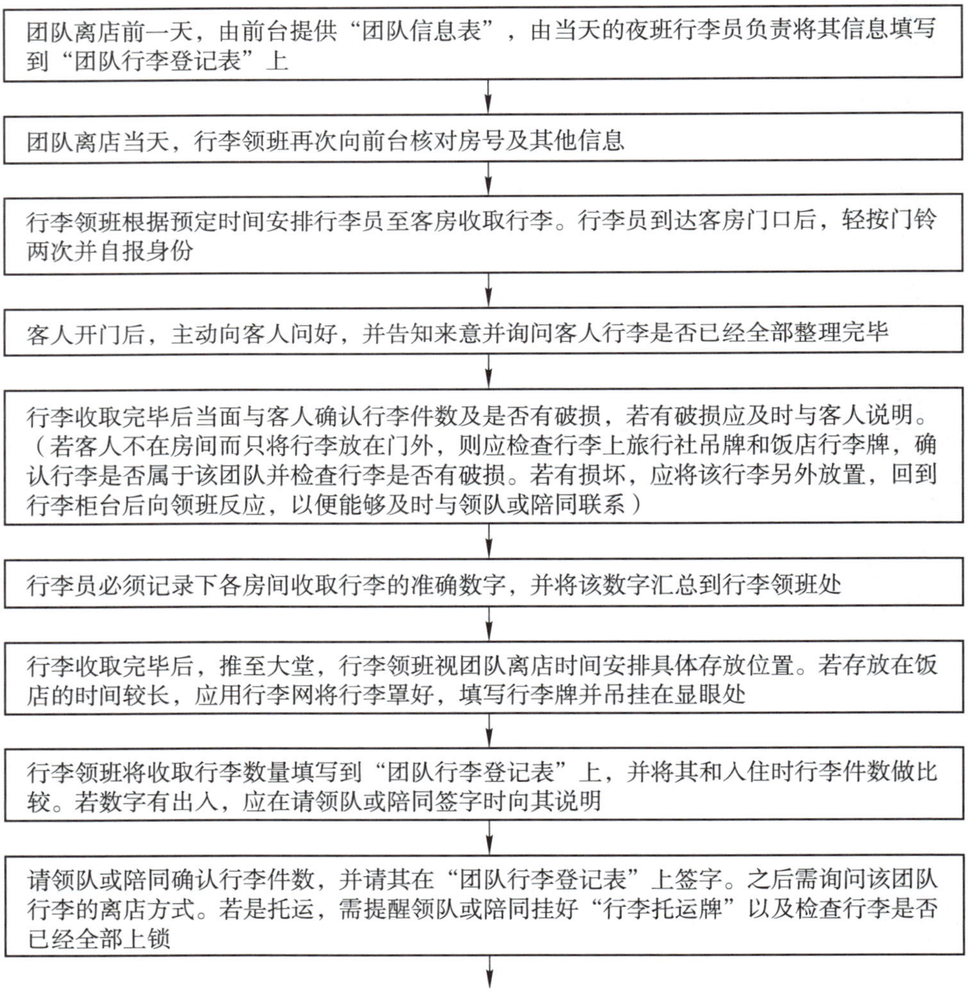

团队离店前一天，由前台提供“团队信息表”，由当天的夜班行李员负责将其信息填写到“团队行李登记表”上

↓

团队离店当天，行李领班再次向前台核对房号及其他信息

↓

行李领班根据预定时间安排行李员至客房收取行李。行李员到达客房门口后，轻按门铃两次并自报身份

↓

客人开门后，主动向客人问好，并告知来意并询问客人行李是否已经全部整理完毕

↓

行李收取完毕后当面与客人确认行李件数及是否有破损，若有破损应及时与客人说明。（若客人不在房间而只将行李放在门外，则应检查行李上旅行社吊牌和饭店行李牌，确认行李是否属于该团队并检查行李是否有破损。若有损坏，应将该行李另外放置，回到行李柜台后向领班反应，以便能够及时与领队或陪同联系）

↓

行李员必须记录下各房间收取行李的准确数字，并将该数字汇总到行李领班处

↓

行李收取完毕后，推至大堂，行李领班视团队离店时间安排具体存放位置。若存放在饭店的时间较长，应用行李网将行李罩好，填写行李牌并吊挂在显眼处

↓

行李领班将收取行李数量填写到“团队行李登记表”上，并将其和入住时行李件数做比较。若数字有出入，应在请领队或陪同签字时向其说明

↓

请领队或陪同确认行李件数，并请其在“团队行李登记表”上签字。之后需询问该团队行李的离店方式。若是托运，需提醒领队或陪同挂好“行李托运牌”以及检查行李是否已经全部上锁

↓

登记“团队行李登记表”

↓

如果行李随团队一起离开饭店，行李领班按照领队或陪同的要求分派行李员将行李装车，并请司机在装完全部行李后在“团队行李登记表”上签字

↓

若托运行李，行李领班应先仔细与对方核对团队名称和团号，然后安排交接行李。（若出现双方团号不一致的情况，而无法及时得到确认时，则不可交付行李。必须先与领队或陪同取得联系，得到同意后才可交接行李）

↓

行李领班签字并存档

图 4—6　团队离店行李服务流程

（3）团队换房行李服务

基于各种情况团队客人需要换房，则由行李部提供将客人行李及其他物品送至新房间的服务。团队换房行李服务流程见图 4—7。

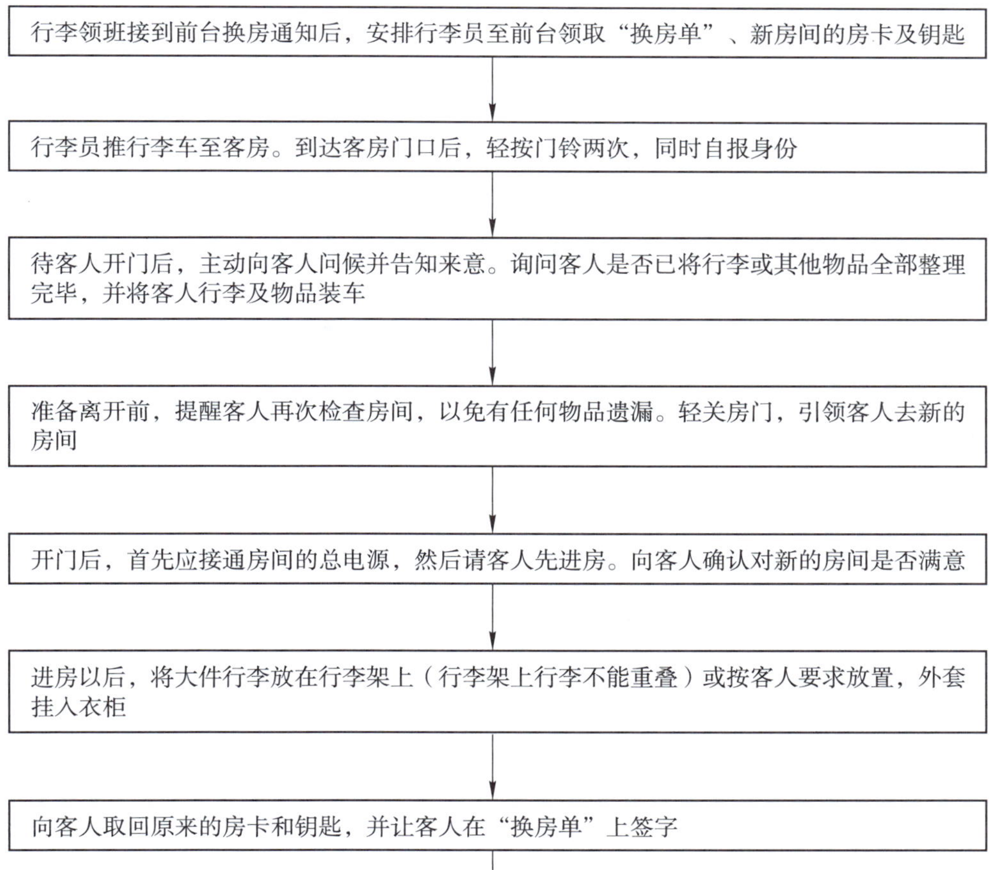

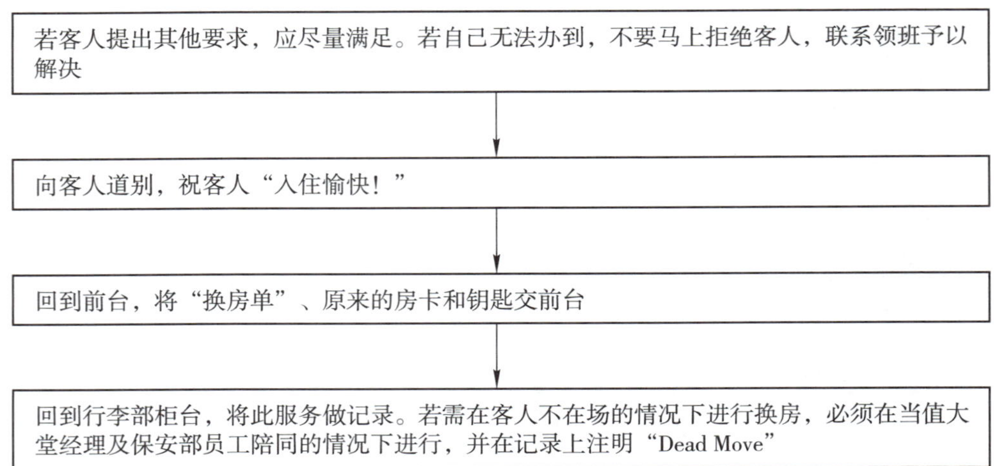

图 4—7　团队换房行李服务流程

案例分析

万小姐是某旅行团的成员。该团办理入住登记后，领队分发了各房钥匙。万小姐拿着钥匙回到房间 1510，等待行李员派送行李。没过多久，行李员也推着行李车抵达 15 楼，当行李员卸完车上的行李时，万小姐发现自己的行李不知去向，她不确定自己是将行李带到了酒店还是落在了机场，不免心中着急。在不安中等待了 10 分钟后，终于在该团 16 楼行李车中找到了自己的行李。这一经历给万小姐带来不安全感，离店时她不敢再将行李交给行李员了。

分析：

行李分送服务应遵循“同团同车，同层同车，同侧同车”的原则。同一楼层如果需要两辆行李车，则应根据房号装车，房号在电梯右侧的，行李放在一车上；房号在电梯左侧的，行李放另一车上。如果同一客人有两件以上的行李，应该把这些行李放在同一车上，不能分开装车，以免客人只见到一件行李时误以为其他行李丢失而着急。

四、问讯服务

1．咨询服务

咨询服务主要包括客人咨询、饭店内部咨询、店外情况咨询以及航班情况咨询等，具体见表 4—3。

表 4—3　　咨询服务类型

咨询类型	咨询内容
客人咨询	①有关住宿旅客的询问 ②客人是否住在本饭店 ③客人房间号
饭店内部咨询	①餐厅、酒吧、商场所在的位置及营业时间 ②宴会、会议、展览会举办场所及时间 ③饭店提供的其他服务项目、营业时间及收费标准
店外情况咨询	①饭店所在城市的旅游景点及其交通情况 ②主要娱乐场所、商业区、商业机构、政府部门、大专院校及有关企业的位置和交通情况 ③近期内有关大型文艺、体育活动的基本情况 ④市内交通情况
航班情况咨询	①去机场线路及车辆 ②航班信息 ③购买机票场所

2. 留言服务

饭店受理的留言（Message）通常有两种：一是访客留言；二是住客留言。

访客留言是指来访客人对住店客人的留言，一式三联。问讯员在接受访客留言后，首先应开启被访者客房的留言灯，接着将访客留言单的第一联放入邮件架，第二联送电放部机，第三联交信伯或行李员送往客房，将留言单从房门底下塞入客房。住客留言是住店客人给来访客人的留言。住客留言单一式二联，问讯组、电话总机各保存一联。

（1）留言类型

饭店里常见的留言可分为四类：

1）外来电话找不到客人，要求总机或柜台服务员代留字条。

2）访客到来，找不到要见的住客，亲留口信便条给柜台，要求转交房客。

3）客人外出前留下便条给可能会来找他的朋友，以便在外互相取得联络。

4）饭店本身发出的通知。

（2）留言程序

具体程序如下：

1）为客人留言，应记录房客的姓名及房号，核对清楚是否正确。

2）用清晰的字迹把留言内容记录下来。

3）把留言者的姓名及电话号码记录下来。

4）写上留言的时间及日期。

5）经办人签名。

（3）留言处理

具体处理方法如下：

1）客人留言应一式三联：一联放在钥匙架上，待客人回来时马上通知消息；一联由行李员从门底派发，要是客人没有接触前台亦能收到留言；一联存案记录，并保留一周，以备必要时能够查阅。

2）每晚10时，将所有钥匙架上客人并没有到取的留言单放入信封，写上房号，记录在记录本上，然后由行李员派发，于房门下推送入客房内。

案例分析

北京某饭店的前台问讯处，几名年轻的员工正在忙于接待办理入住和离店手续的客人。此时，只见大门入口处走进两位西装革履的中年人，提着一个看上去有点重量的箱子径直往问讯处走来。“您好，需要我效劳吗？”刚放下电话的小马很有礼貌地主动问道。“有件事想麻烦一下。”其中一位戴眼镜的中年人说话有点腼腆，他似乎不知从何说起，稍许停顿一下后，目光对着地上的那只箱子。“我们一定尽力而为，请您说吧。”小马真心实意地鼓励他。“我们是海南××公司的驻京代表。这里是一箱资料，要尽快交给我公司总经理，他定于今天下午3点到达这里。我们下午不能来迎接，所以想把箱子先放在饭店里，待总经理一到请你们交给他本人。”“请放心，我们一定办到。”小马再三保证。下午3时已到，海南那家公司的总经理还未抵店，小马打电话到机场，获知飞机没有误点。但因那两位中年人没有留下电话和地址，所以小马别无选择，只能再等下去。又是两个小时过去了，那位总经理仍然没有来，小马不得不做好交接箱子的思想准备。就在此刻，电话铃声响了。“问讯处吗？今晨我们留在前台的那个资料箱本是想交给我们总经理的。刚才接到总经理的电话，说他被一位住在××饭店的朋友邀去，决定就住在那儿了，而那箱资料是他急用的……”还是戴眼镜的驻京代表的声音。“您不用着急，我会设法把箱子立刻送到××饭店的。”小马放下电话即安排一位员工办理此事，半小时后，那位驻京代表又打来电话，但小马已经下班了。“请转达小马，箱子已经送到，十二分的感谢。我们的总经理改变主意住到了别的饭店，你们不但没有计较，还为我们服务得那么好，真不知如何表达我们的感激。总经理说，下回一定要住你们的饭店。”对方诚恳地说道。

分析：

为住客寄存行李或贵重物品是饭店的常规服务内容，但该饭店前台问讯处主动承接未到客人的物品，这是一种超常规服务。不仅如此，服务员小马还主动与机场联系，了解班机飞行情况，下班时又能主动交接，体现了优秀员工的高度责任心。

最令人感动的是，当客人住到别的饭店时，饭店问讯处不仅不恼火，还满足客人的需求，这样的服务可谓真正做到了家。饭店的优质服务牢牢印在了这几位客人的脑海中，他们理所当然地成了该饭店的潜在客人和“义务宣传员”。

第二节　金钥匙服务

饭店金钥匙成员通常身着燕尾服，上面别着十字形金钥匙（见图4—8），这是委托代办的国际组织——“国际饭店金钥匙组织联合会”会员的标志，它象征着如同万能的金钥匙一般，可以为客人解决一切难题。金钥匙尽管不是无所不能，但一定要做到竭尽所能。这就是金钥匙的服务理念。

图4—8　金钥匙成员服饰

一、金钥匙的含义

金钥匙是一种“委托代办”（Concierge）的服务概念。“Concierge”一词最早起源于法国，指古代饭店的守门人，负责迎来送往和饭店的钥匙。但随着饭店业的发展，其工作范围在不断扩大。在现代饭店业中，Concierge已成为为客人提供全方位“一条龙”服务的岗位，只要不违反道德和法律，任何事情Concierge都尽力办到，以满足客人的要求。其代表人物就是他们的首领金钥匙，他们见多识广、经验丰富、谦虚热情、彬彬有礼、善解人意。

图 4—9 所示为国际饭店金钥匙组织联合会会徽（右）与中国饭店金钥匙组织会徽（左）。

图 4—9　金钥匙标志

二、金钥匙的岗位职责

金钥匙通常是饭店礼宾司（行李部）主管，其岗位职责主要有：

1. 全方位满足住店客人提出的特殊要求，并提供多种服务，如行李服务、安排钟点医务服务、托婴服务、沙龙约会服务、推荐特色餐馆服务、导游服务、导购服务等，客人有求必应。

2. 协助大堂副理处理饭店各类投诉。

3. 保持个人的职业形象，以大方得体的仪表、亲切自然的言谈举止迎送抵、离饭店的每一位宾客。

4. 检查大厅及其他公共活动区域。

5. 协同保安部对行为不轨的客人进行调查。

6. 对行李员工作活动进行管理和控制，并做好有关记录。

7. 对进、离店客人给予及时关心。

8. 将上级命令、所有重要事件或事情记在行李员、门童交接班本上，每日早晨呈交前厅经理，以便查询。

9. 控制饭店门前车辆活动。

10. 对受前厅部经理委派接受培训的行李员进行指导和训练。

三、金钥匙的素质要求

金钥匙要以其先进的服务理念，真诚的服务思想，通过其广泛的社会联系和高超的服务技巧，为客人解决各种各样的问题，创造饭店服务的奇迹。因此，金钥匙必须具备很高的素质。

1．金钥匙的能力要求（见图 4—10）

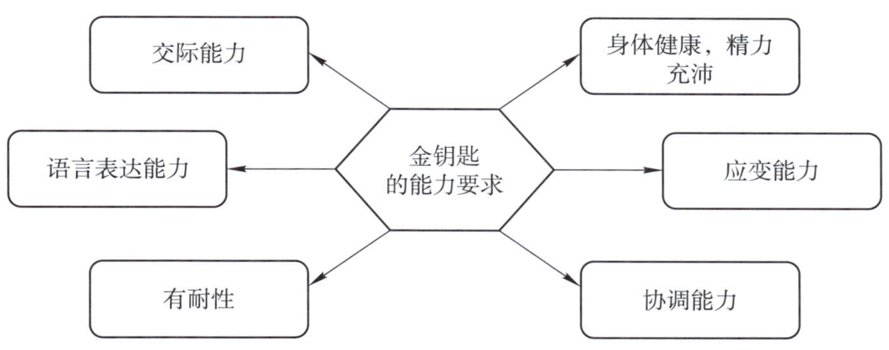

图 4—10　金钥匙的能力要求

2．金钥匙的业务知识技能要求

（1）熟练掌握本职工作的操作流程。

（2）通晓多种语言。

（3）掌握中英文打字、电脑文字处理等技能。

（4）掌握所在宾馆的详细信息资料，包括饭店历史、服务设施、服务价格等。

（5）熟悉本地区三星级以上饭店的基本情况，包括地点、主要服务设施、特色和价格水平。

（6）熟悉本市主要旅游景点，包括地点、特色、服务时间、业务范围和联系人。

（7）掌握一定数量的本市高、中、低档的餐厅、娱乐场所、酒吧的信息资料，包括地点、特色、服务时间、价格水平和联系人。按照中国饭店金钥匙组织会员入会考核标准，申请者必须掌握本市高、中、低档的餐厅各 5 个，娱乐场所、酒吧 5 个（小城市 3 个）。

（8）能帮助客人购买各种交通票据，了解售票处的服务时间、业务范围和联系人。

（9）能帮助客人安排市内旅游，掌握其线路、花费时间、价格和联系人。

（10）能帮助客人修补物品，包括手表、眼镜、小电器、行李箱、鞋等，掌握这些维修处的地点和服务时间。

（11）能帮助客人邮寄信件、包裹、快件，懂得邮寄事项的要求和手续。

（12）熟悉本市的交通情况，掌握从本饭店到车站、机场、码头、旅游点、主要商业街的路线、路程和出租车价格（约数）。

（13）能帮助外籍客人解决办理签证延期等问题，掌握有关单位的地点、工作时间、联系电话和手续。

（14）能帮助客人查找航班托运行李的去向，掌握相关部门的联系电话和领取行李的手续。

四、金钥匙在中国的兴起和发展

国际金钥匙组织成立于 1952 年 4 月 25 日。这一天，在巴黎斯克拉饭店礼宾司捷里特先生的倡导下，在法国戛纳举行了第一届国际金钥匙组织会议，并在此会议上正式成立了国际金钥匙组织。捷里特先生也因此而被誉为金钥匙组织之父。

金钥匙在中国最早出现在广州的白天鹅宾馆。在 1997 年 1 月的第 44 届国际金钥匙年会上，中国区金钥匙被接纳为第 31 个成员国。

2000 年 1 月 16 日至 21 日，第 47 届国际饭店金钥匙组织年会在中国广州召开，标志着中国区金钥匙组织已经发展壮大，在国际金钥匙组织中占据重要地位。目前，中国金钥匙组织已发展到相当大的规模，截至 2014 年年底，中国金钥匙组织已发展到 31 个省 230 个城市的 1 600 多家高星级饭店和高档物业，共有 2 600 多名金钥匙会员。

知识链接

中国饭店金钥匙组织会员的资格要求

- 在饭店大堂柜台前工作的前厅部或礼宾部高级职员。
- 21 岁以上，人品优良，相貌端庄。
- 从事饭店业 5 年以上，其中 3 年必须在饭店大堂工作。
- 有两位中国饭店金钥匙组织正式会员的推荐信。
- 一封申请人所在饭店总经理的推荐信。
- 过去和现在从事饭店服务工作的证明材料。
- 掌握一门以上外语。
- 参加过由“中国饭店金钥匙”组织的服务培训。

第三节 总机服务

总机服务人员可以称为饭店中“看不见的接待员”。前台、餐厅及客房楼层的服务人员都是直接和客人面对面地接触，对客人的种种反应、表情都可以观察得到，能依此做出即时的直接应对反应；而在电话里为客人服务，其困难及局限性则多出许多，因为服务人员看不到客人的表情及种种行为反应，仅能从其言语的速度、音量、语调等来判断及做出相应的答复。因此，电话服务要求操作人员具备更加丰富的经验、纯熟的技巧和足够的耐心。

一、总机服务的业务范围

饭店总机服务的业务范围如图 4—11 所示。

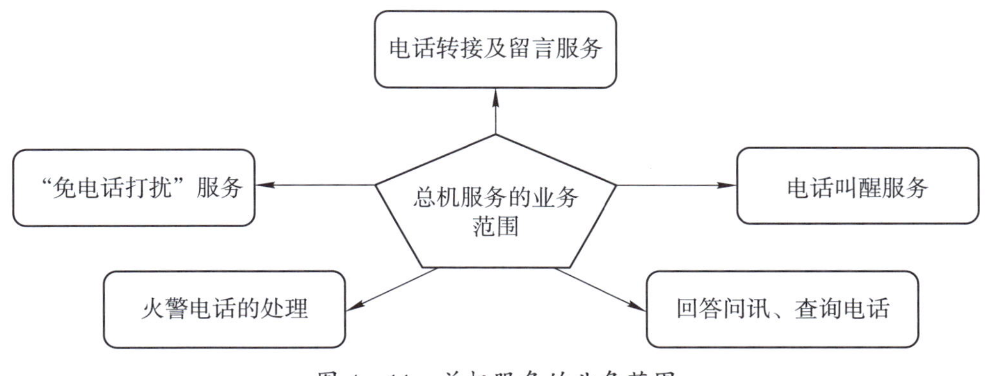

图 4—11 总机服务的业务范围

二、总机服务的要求

1. 总机服务人员的素质要求

根据总机服务工作的特点，饭店总机服务人员必须具备以下素质：

(1) 口齿清晰，声音甜美，耳、喉部无慢性疾病。

(2) 听写迅速，反应快。

(3) 工作认真，记忆力强。

（4）有较强的外语听说能力，能用外语为客人提供话务服务。

（5）熟悉电脑操作及打字。

（6）掌握旅游景点及娱乐等方面的知识和信息。

（7）有很强的信息沟通能力。

2．总机服务的基本要求

（1）总机服务人员必须在总机铃响三声之内应答电话。

（2）总机服务人员应答电话时，必须礼貌、友善、愉快，且面带微笑。

（3）接到电话时，首先用中英文熟练准确地自报家门，并自然亲切地使用问候语。

（4）总机服务人员遇到无法解答的问题时，要将电话转交领班、主管处理。

（5）总机服务人员与客人通话时，声音必须清晰、亲切、自然、甜美，音调适中，语速正常。

（6）总机服务人员应能够辨别主要管理人员的声音，接到他们的来电后，总机服务人员须给予恰当的尊称。

（7）为客人提供电话转接服务时，转接之后，如对方无人接听，铃响半分钟（5声）后，必须向客人说明："对不起，电话无人接听，请问您是否需要留言？"

（8）为了能迅速、高效地转接电话，总机服务人员必须熟悉本饭店的组织结构，各部门的职责范围、服务项目及电话号码，掌握最新的、正确的住客资料。

（9）如遇查询客人房间的电话，在前台电话均占线的情况下，总机服务人员通过电脑为客人查询。

三、总机服务岗位工作流程与操作要求

1．总机服务岗位工作流程

总机服务岗位工作流程如图4—12所示。

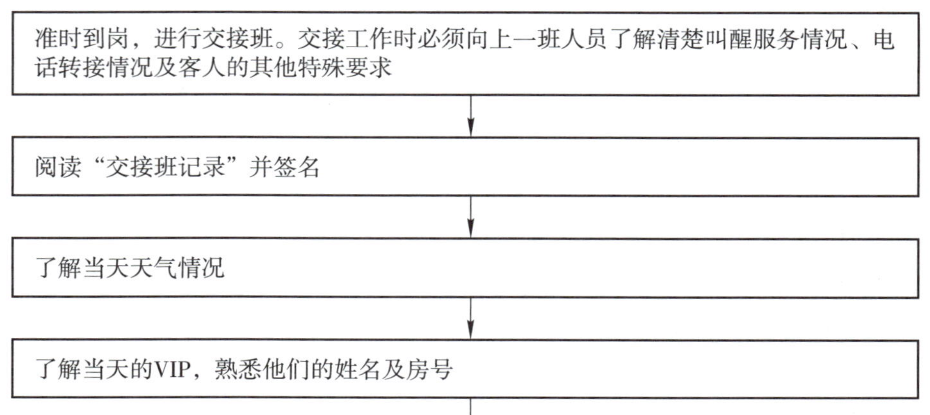

开展正常话务工作

↓

注意接班后的叫醒服务

↓

进行交接班，向接班人员交接清楚VIP情况、通讯情况及叫醒情况

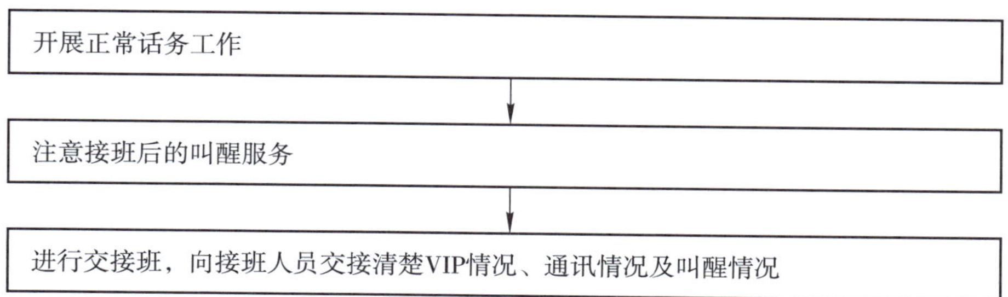

图 4—12　总机服务岗位工作流程

2. 总机服务岗位操作要求

（1）电话转接及留言服务程序（见图 4—13）

向来电者热情问好，然后认真聆听客人讲话再转接，并说“请稍等”，如果客人需要其他咨询、留言等服务，应对客人说：“请稍等，我帮您接通某部门。”

↓

在等候转接时，为客人播放悦耳的音乐

↓

接转之后，如果对方无人接听，总机服务人员应在铃响五次之后向客人说明：“对不起，电话无人接听，请问您是否需要留言?”若需要留言，则将电话转至前厅问讯处。若是给饭店管理人员的留言，则由总机服务人员清楚地记录下来，通过寻呼或其他方式尽快将留言转达给有关人员

图 4—13　电话转接及留言服务程序

（2）回答咨询及查询服务

1）如果客人查询的是常用电话号码，总机服务人员须以最快的速度对答，体现工作效率。因此总机服务人员平日应熟记常用的电话号码。

2）如果客人查询的是非常用电话号码，总机服务人员需请客人稍等，保留线路，以最有效的方式为客人查询号码，在确认号码正确无误后，再及时通知客人。如果所要求查询的号码比较难查，则应请客人留下电话号码，等查清后再主动与客人联系，将号码告诉客人。

3）如果来电是查询客人房间的电话，总机服务人员务必要注意为客人保密，不能泄露住客的房号，应先接通，然后让客人直接与来电人通话。

（3）“免电话打扰”服务

1）总机服务人员要将所有提出免电话打扰服务要求的客人的姓名、房号记录在交接本上，并注明接到此通知的时间。

2）总机服务人员将这些客人房间的电话号码通过话务台锁上，并要及时准

确地把这一信息通知给所有的当班人员。

3）客人取消了免打扰服务后，接到通知的总机服务人员应立即通过话务台释放被锁住的电话号码，并在交接班本上注明取消的时间。

4）在客人接受免打扰服务期间，若有人来电要求与客人通话联系，总机服务人员应将客人不愿意被打扰的信息礼貌地告知来电者，并建议其留言或是等客人取消免打扰服务之后再进行联系。

（4）叫醒服务

对每一个来自饭店内部客人的叫醒服务申请，总机服务人员都要进行确认。

1）将叫醒日期、房号、时间、总机服务人员工号及收到申请的时间都清楚地记录在记录本上，并把信息输入电脑，检查是否正确。

2）夜班的总机服务人员把叫醒记录按时间顺序整理记录在交接班本上，注明相关信息并签字。

3）当班的总机服务人员务必在当日的最早叫醒时间之前先检查叫醒机是否工作正常，一旦发现问题，应及时通知相关部门进行处理。

4）总机服务人员务必在客人要求的时间准时叫醒客人，向客人亲切问好，并提醒其叫醒时间已到。

5）在提供叫醒服务时，总机服务人员一旦发现有异常情况，要及时通知有关部门，并准确记录在交接班本上。

服务提示

叫醒失误的原因及对策

叫醒失误的原因有两方面。

饭店方面

- 接线生漏叫。
- 总机接线生做了记录，但忘了输入电脑。
- 记录得太潦草、笔误或误听，输入电脑时输错房号或时间。
- 电脑出现故障。

客人方面

- 错报房号。
- 电话听筒没放好，无法振铃。
- 睡得太沉，电话铃响没听见。

为了避免叫醒失误或减少失误率，饭店方面可从以下几方面着手，积极采取措施：

- 经常检查电脑运行状况，及时通告有关人员排除故障。
- 客人报房号与叫醒时间时，接听人员应重复一遍，得到客人的确认。
- 遇到电话没有提机，通知客房服务员敲门叫醒。

（5）火警电话处理程序（见图 4—14）

当班的总机服务人员接到火警电话时，要保持极其清醒的头脑，弄清火灾发生的地点及火情

↓

立即通知总经理、驻店经理，并说明有关情况

↓

通知工程部、保安部、医务室等有关部门及火灾区域部门管理者立即赶到火灾发生地点，在通知时要清楚地说明具体地点及火情

图 4—14　火警电话处理程序

四、接听电话的技巧及语言规范

电话是饭店中重要的联络工具，无论对外、对内、对客人都是最快及最有效的消息传递媒介。

1．接听电话的技巧

（1）总机服务人员应进行友善的对话，声音清晰柔和，使对方感觉舒心亲切；技巧性地将笑语和善意融入声音之中，令对方有面对面直叙之感。

（2）总机服务人员应以礼貌、诚恳的态度，不厌其烦地回答对方的问题。由于电话中的服务态度能直接地代表饭店的服务水准，因此，若总机服务人员态度恶劣，则必会影响饭店的声誉。

（3）总机服务人员对电话机的性能与功用应有清楚的认识，电话线路号码要牢记在心，接答电话时必能应付自如，以免令对方久等。

（4）客人来电，在铃响三声以内，均必须接答，不得让对方久等。若铃声已响个不停而无人接应，则对方此时已对饭店产生了一个打过折扣的不良印象。所以铃响如果超过三声才接听电话，总机服务人员应向客人道歉。

（5）如果总机服务人员正在接听电话，而此时另外一部电话又响起，则应该跟正在接听电话的客人表示歉意并说：“对不起，先生／小姐，请您稍等。”接着马上接听第二条线，向来电话的人解释你正在接一个电话，并请他／她留

下电话号码或房间号码。（规范语是："对不起先生／小姐，我正在接另一个电话，请您留下电话号码，我过一会儿跟您联系好吗？"）若他／她同意，服务人员则应在讲完前一个电话之后，便马上回电给他／她；如果他／她坚持要等一会儿，那么请他／她稍等（"好吧，那么麻烦您稍等一会儿。"）同时，须有技巧地或迅速地结束第一个电话，让第二条线的客人不至于久等。（但是必须注意：总机服务人员不能为了光想急于接第二条线而无礼地催促第一条线的客人，而应该有技巧地结束该谈话。）

2．接听电话的规范用语

（1）首先要向对方问好，接着简单地介绍自己及所在单位，使用清楚温和的语言进行表述，使对方知道要打的电话没有打错。此过程使用的规范语言通常可以按以下方式进行：

- "早上／下午／晚上好，（这是）××饭店。"（外来线路）
- "早上／下午／晚上好，（这是）××饭店，我想问一下……"（总机对外）
- "您好，是××吗？我是××饭店总机，想麻烦您帮忙查一下……"（总机对外）
- "您好，××饭店。"（外线简洁用语）
- "您好，总机。"（内线最简洁问好及介绍语）

（2）总机服务人员对饭店的各项活动、设施的开关时间、本市及附近的环境、天气、活动、舟车甚至邻近城市的航班均应了解清楚，并应有作答不同种类咨询的心理准备。

（3）客人可能会问起各类不同问题，如遇到不清楚的，应向客人表示歉意。举例如下：

"对不起（很抱歉），先生／小姐，关于这个问题我不太清楚，不过请稍候，我会马上帮您查问一下。"

然后马上请教部门经理或有关人士，再给客人作答复，不能随随便便以"我不知道啊，你问别人"作答了事。切记：查完之后，不论有无答案，均须回复电话告知客人，简单范语如下：

"您好，是××先生吗？非常抱歉，您问的……没有能了解到，……（最好能解释一下原因，以安抚客人）"

"您好，请问是××小姐吗？很高兴通知你，您问的……问题查清楚了，是这样的，……"

（4）如客人问及饭店其他部门的情况。例如：某客人想咨询有关歌舞厅的消费项目及收费方式等，总机服务人员则应礼貌地说："××先生，我把您的电话接到歌舞厅去好吗？他们会很详细地告诉您的。"如果该部门电话正忙，则应对客人说："对不起先生，歌舞厅的电话正忙，要不您再稍等一会儿，我过会儿给您接过去好吗？"如果客人愿意等待，便应礼貌地回复："那请您稍候。"但是需注意，如果在半分钟内所要接的部门还不能接通，此时应向客人解释："很抱歉，先生，歌舞厅的电话仍无法接通，请您稍后再打来吧，真是对不起了。"或者要求对方留下口信，以待该部门线路空闲时再作处理。

（5）若电话对方要求找人，应问清楚寻人者姓名及电话，便于找到所要找的人时及时联系。例如：A 公司刘先生打电话来找客房部经理文小姐，则可能会有以下几种情形：

开始的对话——"您好，××饭店。"

"麻烦帮我找一下客房部经理文小姐。"

"请问先生是哪里的？先生贵姓？"

"我是厦门 A 公司的刘先生。"

"好的，这就帮您转接，请稍等。"

找到文小姐——"文小姐吗？您好，我是总机。厦门 A 公司有位刘先生找您。请问要不要接听电话？（请问电话接到哪里？）"

"我正在开会，您让他半个小时后再打来。"

"嗯，好的，谢谢您，我迟些再打来。"

文小姐愿意接电话——"文小姐吗？您好！有长途电话，厦门 A 公司刘先生找您，请问把电话转接到什么地方？"

"请接到我现在用的这个电话吧，228。"

"转到 228 吗？好的，请稍等。"

向刘先生——"刘先生吗？……文小姐找到了，请别挂电话，我马上帮您接过去。"

再向文小姐——"电话（接）通了，请讲！"

如果找文小姐找了一两分钟甚至更长时间仍未成功，则应考虑电话对方在等待中可能会焦急，故在找人过程中，每隔半分钟左右便向对方说明一下你正帮他找寻，并请其稍候。最好能同时问一下对方是否愿意等，若对方说愿意等，那么继续；假如对方说不再等待或者晚一点再打过来，则可在表示歉意后便将电话收线。假如找了一两次，估计无法一下子找得到时，总机服务人员不能一味地占用这条线，以免影响了其他客人使用电话，而应礼貌地请对方过后再打来，或请对方留下口信，表示可以代为转告要找的人，技巧地尽快结束电话。规范语如下：

"对不起，刘先生，找不到文小姐，可否请您晚一点再打来呢？"

"对不起，刘先生，文小姐这会儿不在，您晚一点再打过来好吗？或者您有留言的话，我可以帮您转告她的。"

“喂（声线要亲切柔和），刘先生，我正在帮您找，请稍等……（15秒至30秒后）喂，刘先生吗？……对不起，我找了好几个地方她都不在，不如这样，您留下电话号码，我找到她后请她给您回电话，您看可以吗？”

3. 特殊情况的电话接听技巧

（1）务必牢记各类紧急电话号码，以保证一旦发生意外，便可马上通知相关部门，如医院、火警、警察局等。

（2）如遇意外事件，接线员应镇定应付，首先通知前应部经理，征询进一步的处理指示，然后再马上通知有关当局，应清楚地告知事件情形。须切记，任何重大紧急事项，如火警、刑事案件、盗案、召唤救护车等，在未得到饭店当局指示及许可之前，千万不可自作主张地报警报案，以免给饭店带来声誉上的严重损坏。

（3）如遇到外来电话拨错打错的情况，总机服务人员要切忌不可无礼对待。因为总机肩负重责，对外而言，代表着整个饭店的形象与水准。服务人员应礼貌地向对方说明：“您好，先生／小姐，这里是××饭店，电话线可能出现了问题，请您重新拨打您的电话号码。”

第四节　商务中心服务

现代饭店（尤其是商务型饭店）通常都设立了商务中心（Business Centre），为客人提供打字、复印、翻译、电子邮件及传真的转发、文件核对、抄写、会议记录、打印名片等服务。

一、商务中心的设置与要求

1. 商务中心的设置

商务中心（见图4—15）一般设置在饭店大堂客人前往方便的地方，并有明显的指示标记牌，是前厅服务的重要组成部分，是商务客人“办公室外的办公室”。

2．商务中心的要求

（1）环境要求

商务中心的环境应该具有安静、隔音、优雅、舒适、干净的特点，根据服务项目合理布局，设计周全。

（2）人员素质要求

商务中心的工作人员应该具有专业的服务技能和优秀的服务意识。对商务中心的工作人员，要加强服务意识和各种服务项目专业技能的培养，同时还应要求其掌握外语知识、商务信息知识、秘书工作知识及机器设备的良好使用和清洁保养知识。

图 4—15　商务中心

二、商务中心服务的内容

1．翻译、秘书服务

包括中、英文打字服务，视客人的要求安排秘书服务，多国语言的翻译及口译服务。

2．会议厅租用服务

商务中心拥有配备先进的视听设施的会议室可供租用。

3．办公室设备租用服务

提供台式电脑、手提电脑、传真机、投影仪及其他商务设备的租用，均可按小时或日使用计费。

4．印刷服务

可提供名片及其他小型印刷品的印刷服务。

5．传真、快递及邮寄服务

可为客人办理收发传真、快递等业务。

6．代订车、船、机票等

商务中心员工应与航空公司、火车站等交通部门保持良好的关系，熟知各种类型的票价及收费标准，为客人代订机票、火车票、船票等。有些饭店还与旅行社合作，为客人提供旅游产品的预订。

7．商务参考图书馆

商务中心可提供贸易期刊和当前本地及国际报纸杂志，使客人在旅途中也能随时掌握世界经济发展现状。

三、商务中心服务的程序

1．打字、印刷服务程序（见图 4—16）

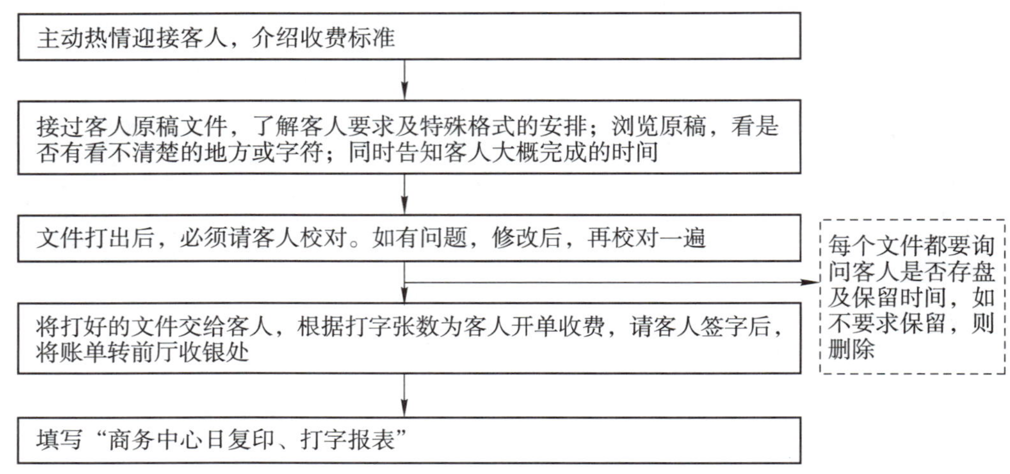

图 4—16　打字、印刷服务程序

2．复印服务程序（见图 4—17）

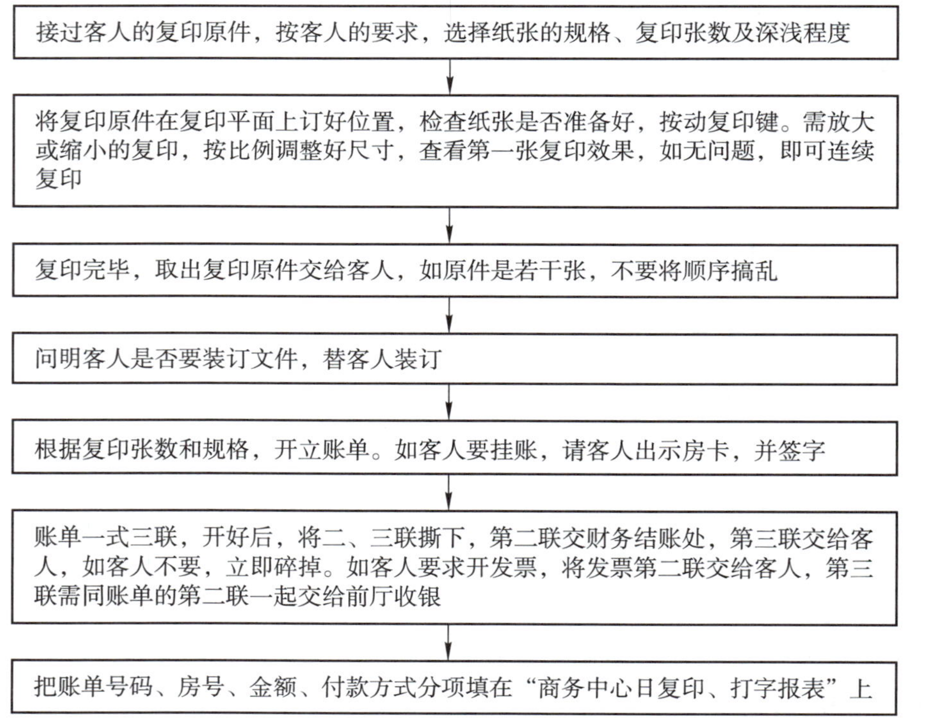

图 4—17　复印服务程序

3．传真服务

（1）接客人待发的传真、电传件时，需看清要求和所发往的地区及电话号码。向客人说明价格，并准确做好收费走单工作。

（2）待送的电传、传真必须及时准确地送交客人，一时找不到客人的，立即请求饭店其他部门帮助查询，查到后做好记录，及时按查到的位置送交客人。

（3）发传真或电传时，要认真负责，熟悉所有的地区号码。对于找不到收件人的疑难来件，应请示上级，妥善处理。

（4）传真服务程序如图 4—18 所示。

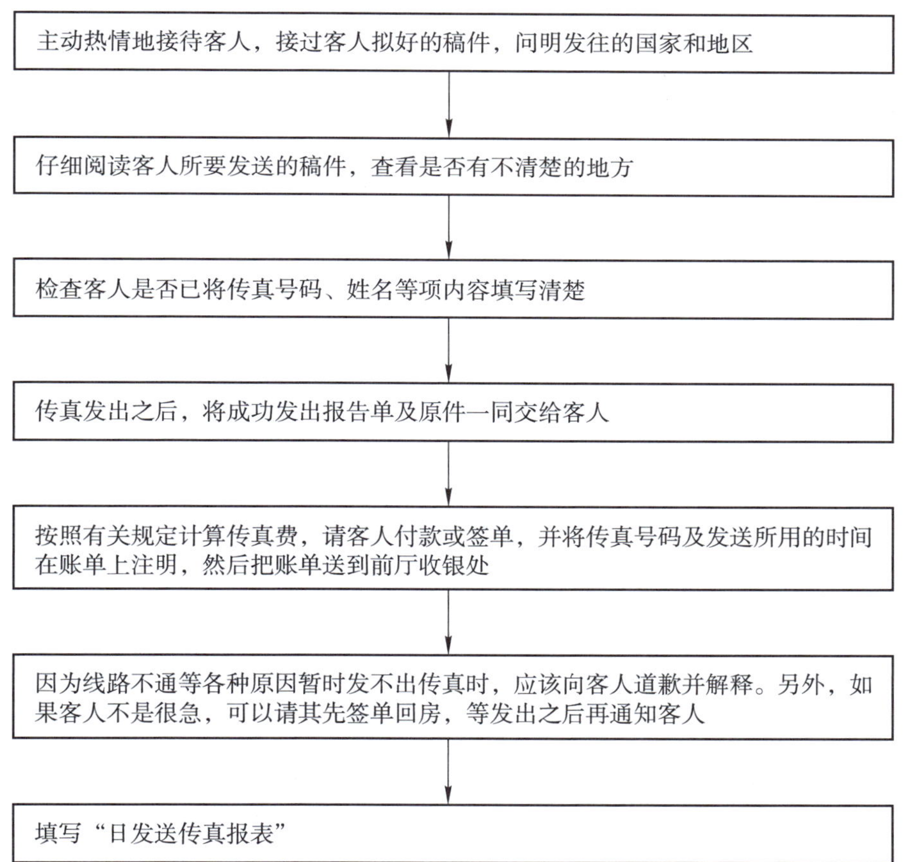

图 4—18　传真服务程序

4．机票代购服务程序（见图 4—19）

主动帮助客人购买机票，国内客人需提供身份证或身份证复印件，未满18岁的乘客应有户口本或独生子女证，国外客人应出示护照

↓

请客人填写委托单，写清客人要订的航班、到达地点、所乘的仓位（头等、公务、普通）

↓

如预订国际航段机票，需有客人的英文名字或中文名字的汉语拼音，特别要注意香港台湾地区中文名字的汉语拼音与大陆不同

↓

客人须交足机票预订金。国际或国内预订机票，需提前4天预订，否则不予以保证

↓

机票出票后，立即通知客人或送票到客人房间

图 4—19　机票代购服务程序

案例分析

不必要的投诉

怀特先生拿着一份密密麻麻才整理好的数据单匆忙来到饭店商务中心，还有一刻钟总公司就要拿这些数据与比特公司谈笔生意。“请马上将这份文件传去美国，号码是 ××××××”，怀特先生一到商务中心赶紧将数据单交给服务员要求传真。服务员看到怀特先生十分着急，就拿过传真件往传真机上放，熟练地将数据单传真过去，而且传真机打出报告单为“OK”！怀特先生直舒一口气，一切搞定。

第二天，商务中心刚开始营业，怀特先生便气冲冲赶到，开口便骂：“你们饭店是什么传真机，昨天传出的这份文件一片模糊，一个字也看不清。”服务员接过怀特手中的原件，只见传真件上写满了蚂蚁大小的数据，但能看清。而饭店的传真机一直是好的，昨天一连发出二十多份传真件都没有问题，为什么怀特先生的传真件会是这样的结果呢？

分析：

对于一些字体小、行间间隔距离太短的文件要求传真时，服务员一定要注意提醒客人，再清晰的传真机也传达不清楚此类文件。所以商务中心服务员对每份需要传真的文件要大体看一下，如有此类情况应当首先提醒客人，可以采取放大复印再传出的办法来避免传真件模糊不清。同时，要将传真机调至超清晰的模式，尽量放慢传真的速度，以提高其清晰度。上述案例所发生的情况其实是完全可以避免的，只要服务员注重了细节，事先查看了传真件，相信就不会有接下来的投诉。

四、商务中心职能的发展趋势

由于信息技术的飞速发展，越来越多的客人拥有自己的手机或手提电脑，在客房内也可以通过互联网直接订票，发送、接收电子邮件和传真，一些高档饭店还在客房内配备了传真机、打印机、复印机等设备，因此，客人对商务中心的依赖程度已大大降低，商务中心的职能在逐渐退化，那么商务中心的职能应怎样转换来适应时代的变化呢？

1．从提供商务服务转向提供商务设施出租

饭店虽为客人在客房内提供了电话、互联网接口等设备设施，但不可能每个房间都提供所有的商务设备，为了方便客人在房内办公，可以根据客人需要，出租传真机、扫描仪、投影仪等商务设备。

2．从商务服务的主要场所转向商务技术的帮助者

尽管越来越多的客人喜欢用自己的电脑在客房内办公，但并非所有人都是计算机专家，当电脑发生故障时，客人可能无法自行解决问题。因此，饭店业从金钥匙的委托代办服务中衍生出专为商务客人提供计算机技术服务的“技术侍从”（Technology Butler）。一旦客人遇到电脑技术问题，这些技术侍从可以随叫随到，帮助客人排除故障，确保工作的顺利进行。商务中心的工作也要慢慢向商务技术的帮助者的角色转变。

3．服务内容变化

以上网、长途电话等电信服务为主的商务服务，要转向大批量复制、印刷名片、激光打印、多色打印及文本的高级装订等。

4．服务方式转变

从被动地在商务中心提供服务的方式转向主动为各类会议提供支持与帮助。现在的商务中心不能只是被动地等客上门，更要主动、热情、全面地为在饭店里举办的各类会议提供技术服务和其他劳务，如文本的打印、校对和复印，当好主办单位的“秘书”等。

思考与练习

1. 通常饭店的门童由年轻帅气的男性担任，但是有的饭店会别出心裁，任用一些比较特别的门童。你见过比较有特色的门童吗？请举例说明他们的优势与劣势。

2. 情景模拟

要求：熟练掌握散客入住的行李程序。

▲ 工具：准备房卡、行李、行李牌等。

▲ 场地：模拟前台、模拟客房。

▲ 情景：1人扮演散客、1人扮演饭店行李员、1人扮演饭店接待员。

▲ 模拟练习步骤：

（1）问候客人，并询问是否需要行李服务。

（2）清点行李的件数和完好情况。

（3）引领客人到前台登记，行李员应站到客人身后1米处等候客人。

（4）引领客人进入客房，途中要主动与客人交流。

（5）到客房门口，要主动敲门并自报家门。

（6）示范房间钥匙的使用方法，打开房门后请客人先进房间，并将客人行李放到行李架上。

（7）介绍房内设施。

（8）离房前询问客人是否还有其他需要，并祝客人住店愉快，退出房间轻关房门。

（9）做好行李搬运记录。

对情景模拟过程进行检查和评价，结果填写在表4—4中。

表4—4　　情景模拟检查表

检查项目和内容	规定分数	实际得分	优	良	合格	不合格
①问候客人，并询问需求						
②清点行李						
③引领客人到前台登记						
④引领客人进入客房						
⑤介绍房内设施						
⑥退出房间						
⑦做好记录						

第五章 收银结账服务

位于前厅的收银处（Front Office Cashier），每天负责核算和整理各业务部门收银员送来的客人消费账单，为离店客人办理结账退房手续，编制各种收银报表，及时反映饭店营业情况。从业务性质来看，前台收银一般由财务部直管，但是由于它又处于接待客人的第一线，所以必须接受前厅部的指挥和管理。为了不影响客人的事务，给客人留下美好的最后印象，收银结账业务要做到既准确又迅速，一般要求在 2～3 分钟内完成。

学习目标

☆掌握前台收银业务的工作内容。

☆掌握客人离店结账的工作程序。

☆掌握夜审工作程序。

☆掌握外币兑换业务。

☆掌握贵重物品保管方法。

第一节　前台收银业务

前台收银业务由前台收银员办理，内容包括开立住客账户、转账、抛账、分账、劈账、结账和夜间核账等工作。

一、前台收银业务的工作内容

1．开立住客账户

饭店的客账账户包括四类：

（1）住客账：为单一房号的住客所开立的账卡。

（2）团队总账：为团体住客开立的总账卡，团队客人如消费了旅行社规定以外的服务项目，如酒水、零点菜、小冰箱、洗衣等，还要为其单立个人账户。

（3）非住客账：为非住宿客人在饭店内消费所开立的账卡，如一些只来健身、用餐的客人。

（4）员工账（需区别对待）：为员工在饭店内消费而开立的账卡。

通常，客账账户包括八个要素，分别是客人姓名（团队姓名）、房间号码、房间单价、用房间数、住店日期、离店日期、住店人数和结账方式。

2．负责业务分析并累计客账

（1）店内转账：为方便住店客人的各项消费活动，客人在店内所有消费账单均可由其签字认可，并注明房号，最后转到前台收银处统一结账。

（2）转外客账：根据客人要求，客人在饭店内有关消费项目，均由旅行社（或委托单位）统一结账。客人要求两份账，一份为公司报销的纯房租账单，一份为私自消费的杂项账单。

3．办理客人的离店结账手续

收银处要负责办理散客及团队客人的离店结账手续，结账过程中收银员要与客房部沟通协调，了解客人在住店期间的消费情况。

4．夜间核账

收银处要在夜间工作清闲的时候核对账目，确保账目没有错误或遗漏，一方面可以保护饭店利益，另一方面可以避免因账目失误带来的客人投诉。

5．提供外币兑换业务

收银处员工应熟练识别各种外汇、旅行支票及信用卡，能鉴别真伪，并根据当日汇率为客人办理外币兑换。

6．管理客用安全保险柜

主要是向客人提供贵重物品寄存服务。

二、前台账务处理的要求

前台账务处理是前台收银处的一项日常业务工作。为避免出现工作差错，避免发生逃账、漏账情况，前台收银处的账务处理必须有一套完善的制度。

前台账务处理的方法和要求包括：

1．账户清楚

前厅接待处在入住登记时会给每位客人设立一个账户，供收银处记录该客人在住店期间的房租及其他各项花费（已用现金结算的费用除外）。它既是客人离店时结算的依据，又是编制各类营业报表的数据来源之一。通常，饭店为散客设立个人账户，为团体客人设立团体账户。如果团体客人中有超出综合服务费标准限度的其他消费时，则应另立个人账户。账户应清楚、准确，特别注意姓名、房号必须与住宿登记表内容一致。

2．记账准确

为客人建立账户后，即开始记录客人住店期间的一切费用，客人的房租采取按日累计的方法每天结算一次。客人离店加上当日应付房租，即为客人应付的全部房租，其他各项费用如洗衣、餐饮、传真等项目，除客人愿在消费时以现金结算外，均可由客人签字后由各有关部门将其转入前厅收银处，记入客人的账户。因此，要求记账准确，客人姓名、房号、费用项目和金额、消费时间等应清楚，并和客人账户记录保持一致。

3．转账迅速

由于客人在饭店逗留期较短，发生的费用项目多，又可能随时离店，故要求转账迅速。各业务部门必须按规定时间将客人签字认可后的账单送到前台收银处，以防跑账、漏账的情况发生。现在饭店都采用计算机收银系统，客人在店内任何消费，只要收银员能及时将账单转入收银机，系统即可同时记下客人当时的转账款项，这样极大地提高了账务处理的工作效率。

第二节　离店结账服务

结账业务（Check　Out）由前台收银员办理，是客人离店前所接受的最后一项“服务”，饭店一般采用“多点多次消费，一次性结账”的收款方式。

一、离店结账程序

通常把结账业务分为散客结账和团队结账。

1．散客结账

散客结账流程如图 5—1 所示。

客人离店要求结账时，主动迎接客人，表示问候，问清客人姓名、房号，找出客账，同时收回客房钥匙。如客人暂不交钥匙，在通知楼层客人结账时，提醒服务员收回钥匙，并记下楼层接话员工工号

→ 如果客人遗失房间钥匙，服务员应立即填写钥匙遗失报告，并通知工程部更换客房门锁并向客人收取钥匙赔偿金，以保证饭店的利益

↓

委婉地询问客人是否有最新消费，如长途电话费、早餐费等，并在电脑上查阅以免漏账

↓

通知客房服务中心派客户服务员迅速检查客房，以免有客人的遗留物品或房间物品有丢失或损坏现象

↓

打出客人消费账单，并将账单呈请客人检查确认并在账单上签字

↓

根据客人的不同付款方式进行结账。客人付款方式通常有：现金、旅行支票、信用卡、旅行社凭证、客人间代付账款等

↓

在账单上打下“PAID”印记，使账单的余额变成零，然后将一联交给客人作为收据，另一联转送会计组，将金额填入“现金收入日报”

↓

询问客人是否还需要其他帮助，向客人表示感谢，祝客人旅途愉快

图 5—1　散客结账流程

收银员在为客人办理结账的时候，一定要按照饭店规定的程序和要求进行，否则将会造成管理混乱的局面，影响对客服务质量。

服务提示

结账时的“验收”

如果客人要求用信用卡结账，则要注意做好“验卡”工作。操作程序如下：

1. 检查客人信用卡的安全性

（1）辨别信用卡的真伪。检查信用卡的整体状况是否完整无缺，有无任何挖补、涂改的痕迹；检查防伪反光标记的状况；检查信用卡号码是否有改动的痕迹。

（2）检查信用卡的有效日期及适用范围。

（3）检查信用卡号码是否在被取消名单之列。

（4）查看客人的信用卡是否是本饭店所接受的种类。

饭店通常接受的国外信用卡有美国运通（American Express）、维萨卡（VISA）、万事达卡（Master）、大来卡（Diner's Club）等。而国内饭店最常用的是银联的通道。也就是说，只要国际卡组织与银联有协议，就可以在饭店支付。

2. 检查持卡人的消费总额

检查持卡人的消费总额是否超过该信用卡的最高限额。如超过规定限额，应向银行申请授权。

3. 压印签购单

要求将信用卡上全部资料清楚地压印在每联的签购单上。

4. 填写签购单

按签购单上的各项要求进行填写，做到自己清楚、数字准确。

5. 请客人签字

将签购单上的签字与信用卡背后的签字对照，如不相符可以向银行查询。

如果客人用支票结算，则要注意以下几点：

- 检查支票的真伪。注意辨别哪些银行已发出通知停止使用的旧版转账支票。
- 检查支票是否过期，金额是否超过限额。
- 检查支票上的印鉴是否清楚完整。

2. 团队结账

团队结账流程如图 5—2 所示。

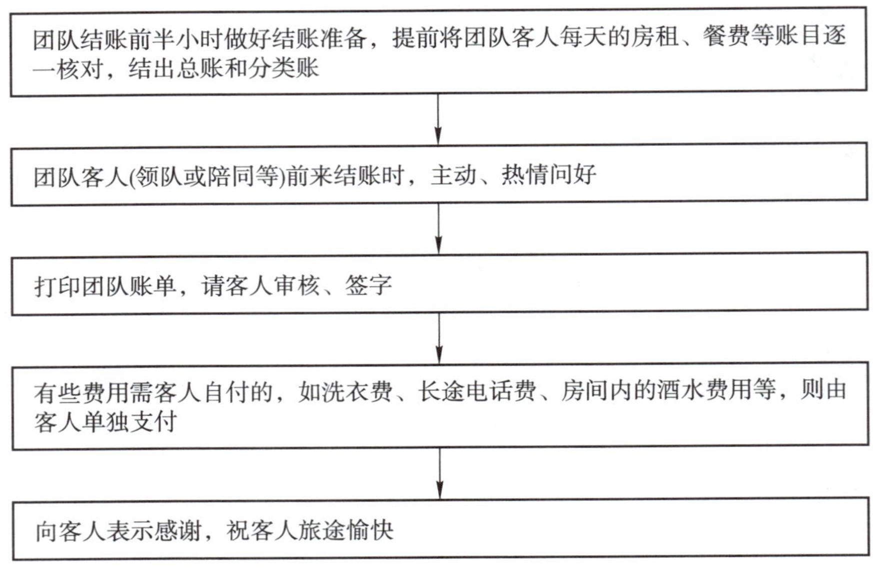

图 5—2　团队结账流程

二、特殊情况的处理

1．当住店客人的欠款不断增加时

当客人在住店期间所交的押金已经用完，或者客人入住饭店以后迟迟没有决定结账的日期，但是他所欠的饭店账款在不断上升时，为了防止客人逃账或引起其他麻烦，必要时可通知客人前来付账。催促客人付账时，要注意方式、方法、语言艺术，可以用电话通知，也可用印备的通知书，将客人的房号、姓名、金额、日期等填好后放入信封，交前台放入钥匙格子里。客人见该通知后会主动付款；如果客人拒付，工作人员应及时处理。

2．过了结账时间（一般为当天中午 12：00）仍未结账

如果过了结账时间（一般为当天中午 12：00）客人仍未结账，工作人员应催促客人。如超过时间，应加收房费（下午 3 点以前结账者，加收一天房费的 1/3；3 点到 6 点结账的，加收一天房费的 1/2；6 点以后结账的，则可加收全天房费）。

3．当一位客人的账由另一位客人支付时

客人甲的账由客人乙支付，但是客人甲已经先行离去，这时候往往容易发生漏收，给饭店带来经济损失。为了防止出现此类情况，工作人员应在交接记录上注明，并分别在两位客人的账单上附纸条予以说明，这样结账时就不会忘记，接班的人也很容易看到。

处理这种情况的程序：

（1）如果客人甲的账由客人乙支付，客人甲先走，把客人甲的账目转到客人乙的账单上，同时客人甲的账单清零。

（2）同时通知客人乙。

（3）为避免出现不必要的麻烦，及时拿到客人乙的书面授权。

4．客人结账后，没有交回房间钥匙

处理这种情况的程序：

（1）如果客人结账后返回房间正在等待集合或车辆，饭店可以马上回房间找回钥匙。

（2）如果客人已经结账离店，首先马上通知客房部检查客房，以免客人将钥匙留在客房内。如果客人已经把钥匙带走，这时，饭店应派人去机场或车站追回钥匙。如果未能追回，则应该换锁，以防万一。

5．客人在结账时才提出要折扣优惠，而且也符合优惠条件，或者结账时收银员才发现该房间的某些费用是由于某种原因而输入错误

此时，收银员应填写一份“退账通知书”（一式两联，第一联交财务，第二联留结账处），然后由前厅部经理签名认可，并注明原因，最后在电脑上将差额做退账处理。

服务提示

提高退房效率的方法

随着饭店管理智能化进程的发展，饭店客房服务趋向于“隐形式”。许多星级饭店已经不在每层楼设服务台了，取而代之的是房务中心服务制。传统的查房制度显然不符合当前的形势，目前国外一些知名饭店已经取消了查房制度，房间内小酒吧的消费由客人自报，但这却不符合国内的现实状况。在实际工作中，饭店管理人员可以从以下几个方面来提高退房效率。

1．熟记正确的查房程序

按程序查房退房就不会丢三落四，不会造成客人已结账后才想起某物品还未查到。应先查洋酒类及饮料等价格较高的消费品，再查低值易耗品，最后再查衣橱、床头等客人会放置私人物品的地方，免去客人再回饭店取遗留物品的麻烦。整个过程需要1～2分钟。

2．分类别查房

不同团队的房间尽量分开查，每个团队房整体查完后统一通知收银台。团队房和散客房一起退房时，先查散客房。团队房账目较多，有时不在同一楼层，退房程序比散客房复杂。如果先查团队房，会让散客等得太久。

3. 加强前台与客房的衔接工作

房务中心接到前台的客人退房通知后，迅速传达到楼层服务员，楼层查房后将结果告知收银台。有时客人首先告知楼层退房，楼层在查房后通知前台，前台应做好记录，避免重复查房。

4. 改变退房时间

传统退房时间是中午十二点，饭店有过时加收房费的规定，中午成了退房相对集中的时间。而这时也是员工轮换用餐时间，使得退房效率明显降低。如今，一些饭店已将退房时间改为下午两点或三点。这样，一定程度上分散了客人的退房时间，一些客人还可以从容不迫地用完午餐后再退房。

第三节　夜　审

夜审（Night Audit）是现代化饭店所必需的工作之一。白班收银员忙了一整天，可能会发生错误，到了深夜工作较清闲时，必须有人去进行账目核对，检查账项记录等有无错误或遗漏，以保护饭店利益。

一、夜审工作程序

夜审工作流程如图 5—3 所示。

查阅交接班和前台的交班簿，了解要注意和掌握的事情

↓

预审房租，与前台开房组对租，如发现房租不符，应立即找出原因，及时更正，然后核实房租

↓

查核调整查询报表，认真检查退账通知单上的内容，查看是否符合退账条件，是否应该退账

↓

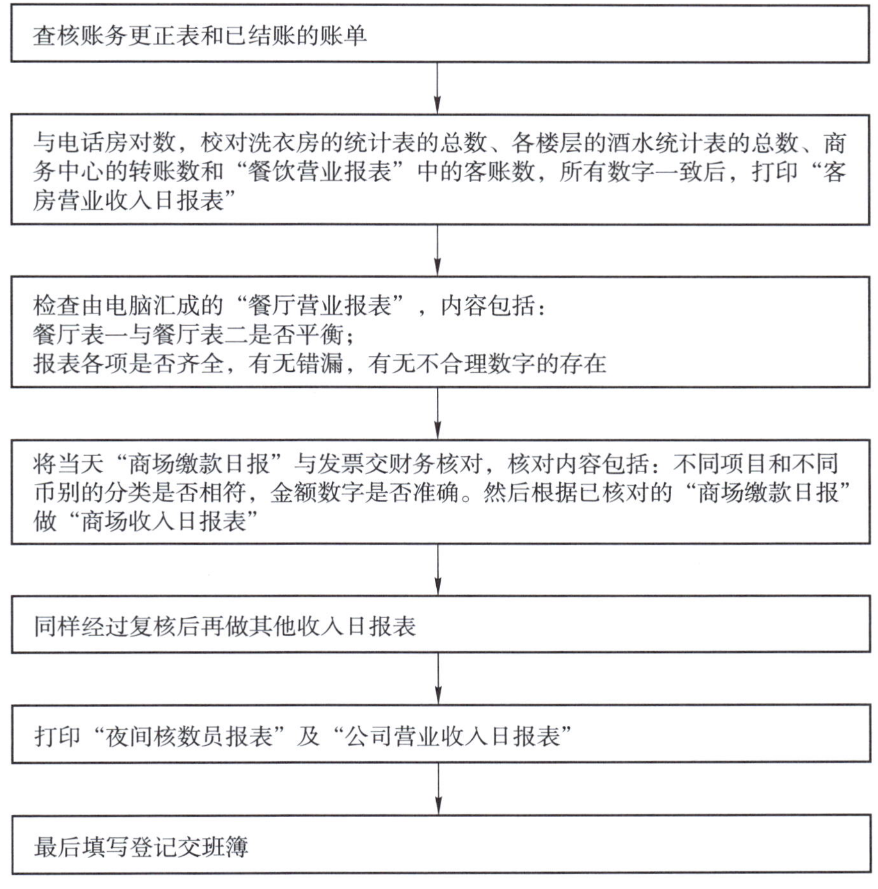

图 5—3　夜审工作流程

服务提示

预审房租的工作内容

1. 打印“折扣明细表”，根据报表逐一核对账架，检查折扣房租的客房是否有批准人签名。如果手续不完全，写在问题登记表中，第二天告知收款主任及时处理。

2. 打印“半日租/日租报表”，与已结算账单核对，留意有否漏人。免半日租的是否有批准人签名，是否符合免租条件。

3. 打印“追租报表”，留意“追租报表”中欠账数不够支付本日租金的客房是否有客人、有行李，以免出现逃单。

二、夜审工作人员的岗位职责

1. 核对各收款机清机报告。

2. 审核当天各班次收银员送审的账单、原始单，核查数据是否准确，并核对该班次营业报表。

3. 核对餐厅、客房的账目及其他挂账数与报表金额是否一致，是否按有关规定或协议执行。

4. 核查各班组送审的转账单据所列单位有无串户。

5. 核查前台开房组输入电脑的房价是否正确。

6. 复核各类统计表的数据，核实是否与收款员输入电脑数一致，并负责跟踪。

7. 将当日饭店各个营业点的营业收入过账。

8. 根据各营业点的营业情况，制作当天全饭店营业日报表，并在次日早上9点之前呈送财务经理和总经理。

9. 对每天稽查出的问题和未按规定办理的内容和数据，做出详细的稽核报告，及时向上级领导汇报。

10. 负责保管各班组的营业日报表及其附件单据。

11. 负责保管各种票据及收发领用工作。

12. 负责夜间前台收银工作。

三、核查收款报表时的注意事项

1. 前台收款核查

(1) 房租折扣要有有关人员的签字认可，免费房必须有总经理或副总经理的批准并签名。

(2) 退款要有客人签名和主管签名，而陪同退款要经总经理批准（其他职务代批的，要经财务经理签名确认）。

(3) 客人拒付要有大堂副理签名认可。

(4) 输单必须单据齐全，少单要说明原因。

(5) 团体的房租一定要当天输入电脑，如发现有团未输房租，要立即通知团体收款采取补救措施。

2. 餐厅收款核查

(1) 营业日报表要与纸带一致，各项数目要准确，左右要相等，单据齐全并盖有餐厅的收款专用章，收款员签名。挂账或收信用卡要有客人签名。

(2) 报账的账单要有签名并附有报账单位订单或点菜单，报总经理室或有关部门经理签名批准。

(3) 开三联发票和收预付款单据要附上副本，冲预付款要三联单齐全。

(4) 餐单改数后，要有原因说明及主管签名。

(5) 作废的账单，要有原因说明及主管签名，且三联单要齐全。

3. 商场收款核查

(1) 售货登记表要与营业表及收款机纸带相等。

(2) 商品价格的折扣要有人签名，5% 以上折扣要有柜长或经理签名，发票上也要注明并签名。

(3) 凡退货减数或按错收款机的减数均要有两人签名，并在售货登记表上注明发票号。

第四节　外币兑换与贵重物品寄存

一、外币兑换程序

饭店为方便客人，受中国银行委托，根据国家外汇管理局公布的外汇牌价，代办外币兑换业务。目前，中国银行除收兑外汇现钞外，还办理旅行支票、信用卡等收兑业务。前台收银员应掌握外币兑换的业务知识，接受这方面技术技能的培训，以搞好外币兑换服务。

1. 外币现钞兑换

目前，国内饭店外币兑换处承兑的外币种类有：美元、欧元、日元、澳大利亚元、加拿大元、港元、新加坡元、澳门元、泰国铢、新西兰元、英镑、菲律宾比索、瑞士法郎等。

外币兑换的服务程序如图 5—4 所示。

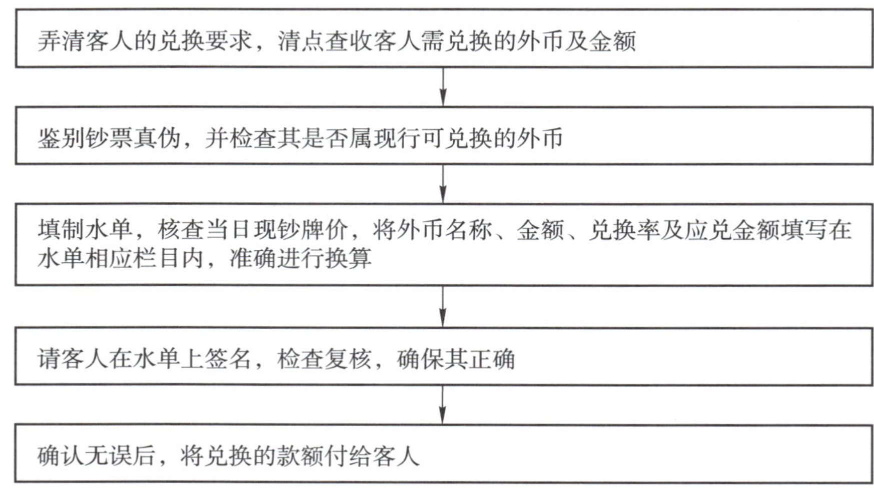

图 5—4　外币兑换服务程序

2．旅行支票收兑

旅行支票（见图 5—5）是一种定额支票，亦称汇款凭证，通常由银行、旅行社为方便国内外旅游者而发行。旅游者在国外可按规定手续，向发行银行（或旅行社）的国内外分支机构、代理行或规定的兑换点兑取现金或支付费用。

图 5—5　中国银行发行的旅行支票样张

旅行支票收兑的服务程序如图 5—6 所示。

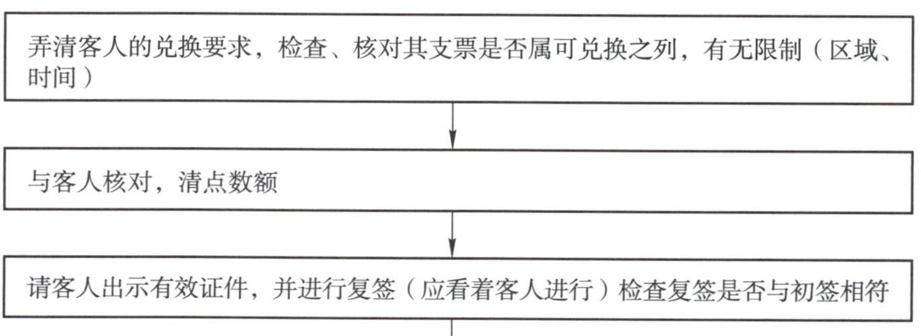

查清当日牌价，填制水单，并扣除贴息，准确换算，请客人在水单上签名

↓

检查复核，核对无误后，将支付款额付给客人

图 5—6　旅行支票收兑服务程序

二、贵重物品寄存

贵重物品寄存服务是饭店对客服务中涉及客人隐私的重要服务项目。因此，寄存处工作人员需认真对待，严格按饭店规定的程序操作。

1．关于贵重物品保管的有关规定

中国旅游饭店行业协会在 2009 年 8 月颁布的《中国旅游饭店行业规范》（修订版）中，按照国际惯例，结合我国的实际情况，就保管客人贵重物品的事项做出了如下规定：

第五章　保管客人贵重物品

第十七条　饭店应当在前厅处设置有双锁的客人贵重物品保险箱。贵重物品保险箱的位置应当安全、方便、隐蔽，能够保护客人的隐私。饭店应当按照规定的时限，免费提供住店客人贵重物品的保管服务。

第十八条　饭店应当对住店客人贵重物品的保管服务做出书面规定，并在客人办理入住登记时予以提示。违反第十七条和本条规定，造成客人贵重物品灭失的，饭店应当承担赔偿责任。

第十九条　客人寄存贵重物品时，饭店应当要求客人填写贵重物品寄存单，并办理有关手续。

第二十条　饭店客房内设置的保险箱仅为住店客人提供存放一般物品之用。对没有按规定将贵重物品存放在饭店前厅贵重物品保险箱内，而造成客房里客人的贵重物品灭失、毁损的，如果责任在饭店一方，可视为一般物品予以赔偿。

第二十一条　如无事先约定，在客人结账退房离开饭店以后，饭店可以将客人寄存在贵重物品保险箱内的物品取出，并按照有关规定处理。饭店应当将此条规定在客人贵重物品寄存单上明示。

第二十二条　客人如果遗失饭店贵重物品保险箱的钥匙，除赔偿锁匙成本费用外，饭店还可以要求客人承担维修保险箱的费用。

2．贵重物品寄存程序

（1）客人寄存贵重物品时的服务程序（见图 5—7）

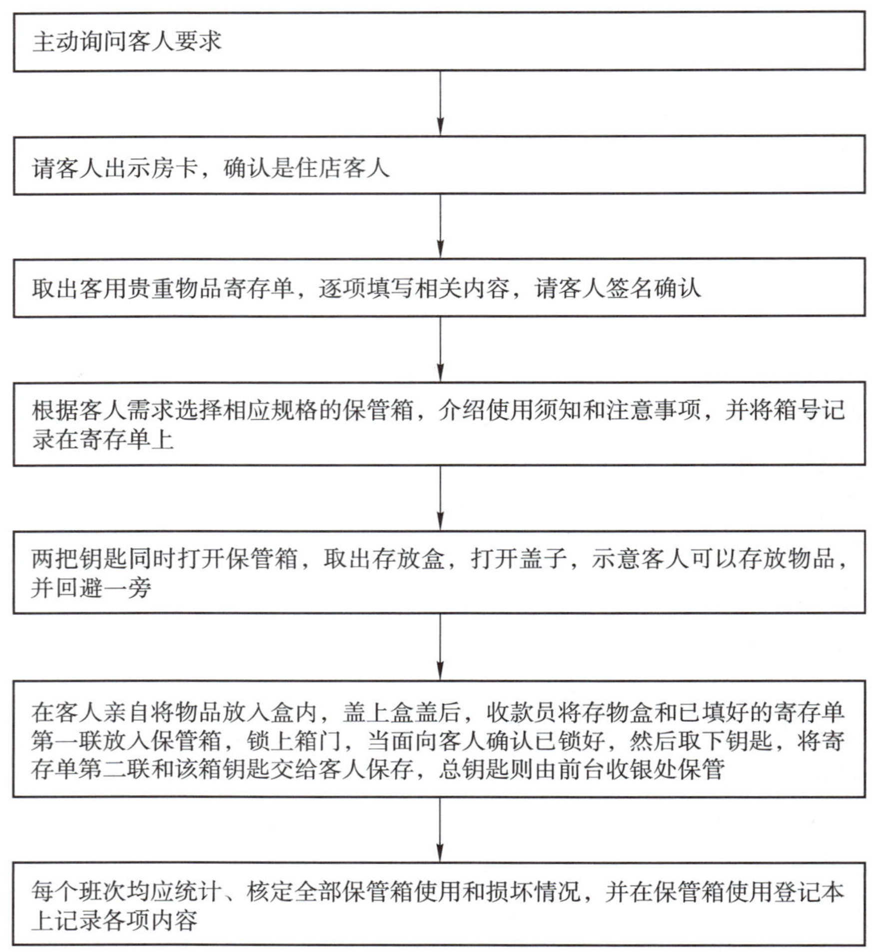

图 5—7　客人寄存贵重物品时的服务程序

（2）中途开箱的服务程序（见图 5—8）

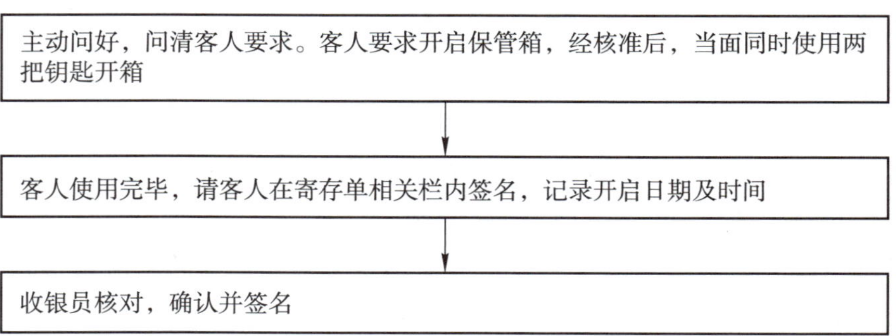

图 5—8　中途开箱的服务程序

（3）客人领取贵重物品的服务程序（见图 5—9）

请客人在寄存单相应栏内签名，记录退箱日期和时间

↓

收银员请客人交回钥匙，取出寄存单

图 5—9　客人领取贵重物品的服务程序

3. 饭店贵重物品保管的注意事项

（1）客人钥匙如有遗失，需凭有效证件及住店凭证取件，取件时客人、大堂副理、保安部及工程部人员均需在场。因为保险箱无备用钥匙，所以需要通过破坏性撬锁打开保险箱，由此造成的饭店损失请客人按照事先约定照价赔偿。

（2）保险箱禁止存放易燃易爆物品。

（3）委托他人取件需凭委托人的亲笔委托书及签名、保险箱钥匙、登记卡（客人联）及委托人和被委托人的有效证件方可领取。

（4）对于保险箱的使用情况，要进行详细的交接班记录。

（5）定期检查保险箱使用情况和保险箱保管情况，发现问题及时上报。

思考与练习

1. 某饭店的退房时间是中午的 12 点，标准间的房价是 488 元每晚，4 月 28 日王先生入住标准间 1806 号房，4 月 29 日王先生午饭后回房午睡，错过了退房时间，当天下午 4 点钟王先生到前台办理离店结账手续，此时收银员应收取多少房费？

2. 情景模拟

要求：熟练掌握散客离店结账的程序。

▲ 工具：准备房卡、押金单、房间钥匙、信用卡和账单等。

▲ 场地：模拟前厅。

▲ 情景：1 人扮演散客、1 人扮演饭店收银员。

▲ 模拟练习步骤：

（1）问候客人，收回房卡。

（2）询问客人是否有最新消费，以免漏账。

（3）通知客房服务中心查房。

（4）打出客人消费账单，并请客人签字。

（5）根据客人的不同付款方式进行结账。

（6）在账单上打下“PAID”印记，使账单的余额变成零，然后将一联交给客人作为收据，另一联转送会计组，将金额填入现金收入日报。

（7）向客人道别。

对情景模拟过程进行检查和评价，结果填写在表5—1中。

表5—1 情景模拟检查表

检查项目和内容	规定分数	实际得分	优	良	合格	不合格
①问候客人，收回房卡						
②询问客人是否有最新消费，以免漏账						
③通知客房服务中心查房						
④打出客人消费账单						
⑤根据客人的不同付款方式进行结账						
⑥向客人道别						

第六章 前厅部宾客关系管理

饭店总是有许多突发状况发生，比如客房空调不灵、电梯夹伤客人、卫生间水龙头坏了、客人财物丢失等，客人在这个时候往往会到前厅部投诉，饭店通常通过设立大堂副理和宾客关系主任来处理宾客投诉，尽可能使每一位不满意的客人满意而归，让客人对饭店留下良好印象。要建立良好的宾客关系，就要求饭店前厅部各级员工掌握与客人沟通的技巧，从容应对各种投诉，冷静处理突发状况，赢得客人的满意。

学习目标

☆掌握对客服务的沟通技巧。

☆掌握客人投诉的处理方法。

☆了解客史档案的建立与管理方法。

第一节　对客服务的沟通技巧

要与客人建立良好的宾客关系，就要对客人有正确的认识，正确理解饭店员工与客人之间的关系，掌握客人的心理，掌握对客服务的沟通技巧。

一、正确认识客人的角色

在饭店的宾客关系中，客人与员工扮演着不同的“社会角色”。员工是“服务者”，而客人则是“服务的对象”。所谓“服务”指为他人做事，并使他人从中受益的一种有偿或无偿的活动，服务不以实物形式而以提供劳动的形式满足他人某种特殊需要。饭店员工作为“服务者”，应明确自己的角色，充分尊重自己的“服务对象”，及时理解和满足客人的合理需求。

1．客人不是议论的对象

饭店的客人来自世界各地，受到不同的地域、种族或宗教信仰等各种因素的文化影响，会表现不同的生活方式、行为方式和着装风格。有的员工看到客人的“奇装异服”就会议论，甚至嘲笑，造成客人的不满；有的员工虽然当面对客人礼貌，背后却议论纷纷，同样会对饭店形象产生恶劣的影响。饭店员工应牢记，任何时候都不要议论客人，这是对服务对象极不尊重的行为。

2．客人不是“说理”的对象

客人是具有情绪化的自由人，饭店员工有时会遇到情绪糟糕、态度恶劣、甚至是无理取闹的客人，从员工的角度来看，客人可能确有不对之处，这种情况下有些员工很难包容，总想与客人“说理”，争辩是非黑白。服务人员应该明确“服务”的核心是“满足需求”，而不是“说理”。所以，服务人员是不应该去对客人“说理”的。尤其是当客人不满意时，不要为自己或饭店辩解，而是立即向客人道歉，并尽快帮客人解决问题。

3．客人不是“教训”和“改造”的对象

饭店接待的客人中，偶尔会出现一些思想境界低、虚荣心较强、举止不文雅的人。当服务人员面对这样的客人时，要注意服务职责是“为客人提供服务”，而不是“教训”或“改造”客人。如果需要教育客人，也只能通过“为客人提供服务”的特殊方式进行。

二、掌握客人对饭店产品的需求心理

1．求尊重的心理

作为消费者，客人希望自己是受饭店和服务员欢迎的人，希望见到服务员热情的笑脸，希望自己被尊重，希望服务员能尊重自己的人格，尊重自己对房间的使用权，尊重自己的意愿，尊重自己的朋友、客人，尊重自己的生活习俗、信仰等。前厅部员工为了表示对客人的尊重，除了不能议论客人以外，还应热情亲切、使用尊称、记住客人名字、随时用客人姓氏称呼客人。

2．求舒适的心理

客人因各种原因远离家乡，来到一个陌生的地方，环境、气候、生活习惯的改变令他们有生疏感和不适感，他们希望饭店的客房能让他们感到舒适、惬意，从而产生“家外之家”的轻松感。前厅部员工接待过程中要注意三轻，即“走路轻、说话轻、动作轻”，提高工作效率，缩短客人等候的时间，为客人营造一个舒适的饭店环境。

3．求补偿、求解脱的心理

客人住在饭店的这段时间，实际上是在过一种“日常生活之外的生活”，是从“第一现实”走进“第二现实”。不管他们是否清楚地意识到，实际上都必然存在“求补偿”和“求解脱”心理。“求补偿”就是要在日常生活之外的生活中求得他们在日常生活中未能得到的满足，即更多的新鲜感、更多的亲切感和更多的自豪感。“求解脱”就是要从日常生活的精神紧张中解脱出来。要使客人体验更多的新鲜感、亲切感和自豪感，作为前厅部服务人员不仅要为客人提供各种方便，帮助他们解决种种实际问题，而且要注意服务的方式，做到热情、周到、礼貌、谦恭，使其感受到一种几乎从未有过的轻松、愉快、亲切和自豪。

三、掌握与客人沟通的技巧

饭店为客人提供“双重服务”，即“功能服务”和“心理服务”。“功能服务”满足消费者的实际需要，而“心理服务”就是除了满足消费者的实际需要以外，还要能使消费者得到一种“经历”。从某种意义上讲，客人就是花钱“买经历”的消费者。客人在饭店的经历，其中一个重要的组成部分，就是他们在这里所经历的人际交往，特别是他们与饭店服务人员之间的交往。这种交往，常常对客人能否产生轻松愉快的心情，能否带走美好的回忆，起着决定性的作用。在对客交往中，“心理服务”更能体现一个饭店的服务水平和服务质量，因此重视对客人的“心理服务”是做好服务工作的必备条件。

前厅部员工在与客人沟通时要注意以下几点技巧：

1．对客人不仅要斯文和彬彬有礼，而且要做到“谦恭”“殷勤”

斯文和彬彬有礼，只能防止和避免客人“不满意”，而只有“谦恭”和“殷勤”才能真正赢得客人的“满意”。所谓“殷勤”，就是对待客人要热情周到，笑脸相迎，嘘寒问暖；而要做到“谦恭”，就不仅意味着不能去和客人“比高低、争输赢”，而且要有意识地把“出风头的机会”全都让给客人。

2．对待客人，要“善解人意”

要想给客人以亲切感，除了要做“感情上的富有者”以外，还必须“善解人意”，即能够通过察言观色，正确判断客人的处境和心情，并能根据客人的处境和心情，对客人做出适当的语言和行为反应。

3．“反”话“正”说，不得对客人说“NO”

将“反”话“正”说，就是要讲究语言艺术，特别是掌握说“不”的艺术，要尽可能用“肯定”的语气去表示“否定”的意思。比如，可以用“您可以到那边去吸烟”代替“您不能在这里吸烟”；“请稍等，您的房间马上就收拾好”代替“对不起，您的房间还没有收拾好”。在必须说“NO”时，也要多向客人解释，避免用生硬冰冷的“NO”字一口回绝客人。

4．不要轻易否定客人

在与客人的沟通中出现障碍时，不要去否定客人。比如，应该说“如果我有什么地方没有说清楚，我可以再说一遍”，而不应该说“如果您有什么地方没有听清楚，我可以再说一遍”。

5．投其所好，避其所忌

客人有什么愿意表现出来的长处，要帮他表现出来；反之，如果客人有什么不愿意让别人知道的短处，则要帮他遮盖或隐藏起来。比如，当客人在饭店出丑时，要尽量帮客人遮盖或淡化之，绝不能嘲笑客人。

6．不能因为与客人熟，而使用过分随意的语言

做饭店工作久了，就会有许多客人成为自己的朋友，于是见面的问候不再是“您好”而是“哇！是你呀！”彼此之间的服务也由“格式”化变成“朋友”化了。这很可能导致沟通失误，甚至造成严重后果。

案例分析

“先生，您不太舒服吗？”

为了营造温馨的氛围，使客人来到前台就像回到家一样温暖、亲切，××饭店还将亲情服务融入到日常工作当中。客人来到前台时，服务人员尽可能多地和他们交谈，从中得到有益于服务的信息，如客人的喜好、口味等。有一个很冷的晚上，一位南京来的客人登记住宿，无精打采，而且不停地擦鼻涕，前台工作人员便问：“先生，您不太舒服吗？”那位客人无奈地说：“火车上冻得要死，车又晚点，药都没处买。”工作人员听后给他安排了一间供暖好的房间，并告诉他要多喝些热水，同时向客人提供了免费送药的电话。半小时后药就送到了客人的房间。结账时，客人感激地说：“你们的服务真是做到家了，谢谢你们！”

分析：

这位前台工作人员在工作中不仅提供了“功能服务”，更善解人意地提供了“心理服务”，从而赢得了客人的心。

第二节　客人投诉处理

作为前厅部大堂经理或者普通前厅员工，经常会碰到一些投诉，如设施设备、员工态度、服务和异常事件的发生等，都直接反映出客人对饭店的不满。前厅部处在最易看到的位置，这就意味着前厅部大堂经理或者是普通前厅员工成为首先了解客人投诉的人。所以重视投诉，灵活地解决投诉是他们要掌握的一项重要技能。

一、引起客人投诉的原因

引起客人投诉的常见原因主要有主观原因和客观原因两个方面：

1．主观原因

由服务员本身的素质引起，不尊重客人、工作不负责任，或工作没按标准化、规范化程序进行，而导致客人投诉。

对客人不尊重的主要表现有：待客人不热情、不主动；不注意语言的修养、冲撞客人；挖苦、辱骂客人；未经个人同意，闯入客人房间；丢物品给客人；不尊重客人的风俗习惯；无根据地怀疑客人；影响客人的休息。

工作不负责任的表现有：

（1）工作不主动、不认真。比如不愿多开口；看见客人不上前打招呼；不热情接待；当客人要的菜肴或酒、饮料无货时，也不做解释；当餐桌上的骨碟装满弃物时不能及时更换；看到客人的酒杯空了不及时斟酒等。

（2）忘记或搞错客人交代办理的事情。比如在餐厅将客人菜单写错或遗失客人的菜单，上菜太慢或把菜上错等，都会引起客人的反感而导致投诉。

（3）损坏、遗失客人的物品。比如搬运行李时，乱碰乱丢；打破客人买的东西；在就餐时将菜汁洒在客人的衣物或文件上等。

（4）清洁卫生工作马虎，食品用具不洁。比如餐厅供应食品不洁，菜点变质或不熟，服务员不注意操作卫生等。

2．客观原因

由饭店环境设施问题、管理制度问题引起的客人投诉。

（1）饭店的设备损坏后未能及时修理好。比如空调坏了、太热、太冷或噪音太大，卫生间的抽水马桶坏了，餐厅的座椅不牢固导致客人摔倒，餐具破损了不更换等。

（2）基础设施不完善。比如电话不能打长途；客人使用电器不便；门窗关不严，隐私得不到保护等。

（3）服务收费不合理。比如客人在就餐后或离店前结账时发现应付的款项和实际消费有出入或收费项目不明确，有欺骗客人的嫌疑等。

二、对客人投诉的认识

没有哪家饭店愿意出现客人投诉的情况，但这几乎是无法避免的。出现客人投诉的事情后，饭店应该对它有一个正确的认识，因为凡事都有利弊两面。对饭店来说，应该认识到以下几点：

1．客人投诉有利于饭店改善服务质量，提高管理水平。

2．客人投诉可以帮助饭店管理者发现饭店服务与管理中存在的问题与不足。

3．客人投诉为饭店方面提供了一个改善宾客关系的机会，使其能够将“不满意”的客人转变为“满意”的客人，从而有利于饭店的市场营销。

研究表明，“使一位客人满意，就可招揽 8 位顾客上门；如果因产品质量不好，惹恼了一位顾客，则会导致 25 位客人从此不再登门”，因此饭店必须力求每一位顾客满意。客人有投诉，说明客人不满意，如果这位客人不投诉或者投诉没有得到妥善解决，客人将不会再来入住该饭店，同时也将意味着饭店损失了 25 位潜在客人。通过客人的投诉，饭店了解到客人的不满意，从而为饭店提供了一次机会，使不满意的客人变成满意的客人，消除了客人对饭店的不良印象，减少了负面宣传，所以饭店应该重视每一位前来投诉的客人。当一项投诉已不可避免地发生时，如何处理就显得至关重要，处理妥当则可以取得事半功倍的效果。饭店既要坚持“宾客至上”的服务宗旨，也要注意兼顾客人和饭店双方的利益，尽量做到“客户的满意度最大化”和“公司的损失最小化”。

三、客人投诉的类型

1．控告性投诉

控告性投诉的特点是：投诉人已被激怒，情绪激动，要求饭店做出某种承诺或解决方案。

2．批评性投诉

批评性投诉的特点是：投诉人心有不满，但情绪相对平静，只是把这种不满告诉饭店方，但不一定要其做出承诺。

3．建议性投诉

建议性投诉的特点是：投诉人一般不是在心情不佳的情况下投诉的，恰恰相反，这种投诉很可能是在对饭店的赞誉中产生的，如在表扬的同时提出了一些遗憾。这类投诉往往被饭店策划管理人员忽视。如果客人提出建议性投诉，饭店员工应及时予以反馈，并表示感谢，重要信息应及时记录下来并存档，以便日后改正。

四、客人投诉的处理程序

该程序主要是针对控告性投诉和批评性投诉的处理。

1．对投诉的快速处理程序

（1）专注地倾听客人诉说，准确领会客人意思，把握问题的关键所在，确认问题性质，必要时察看投诉物，迅速做出判断。

（2）向客人致歉，作必要解释，请客人稍为等候，自己马上与有关部门取得联系。

（3）跟进处理情况，向客人询问对处理的结果是否满意，最后作简短祝词。

2．对投诉的一般处理程序（见图 6—1）

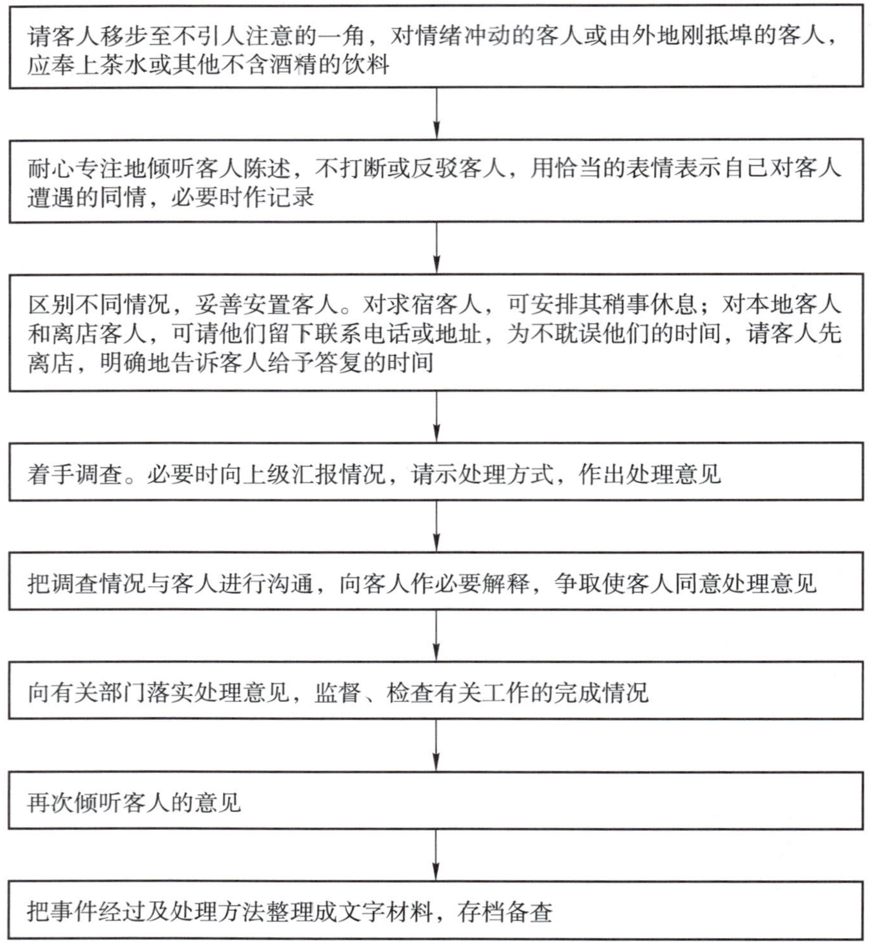

图 6—1　对投诉的一般处理程序

五、处理客人投诉的要点

1．耐心多一点

耐心倾听客人，不要轻易打断客人的抱怨和牢骚，更不要批评客人的不足，要鼓励客人倾诉下去。

2．态度好一点

客人有抱怨或投诉就是表现出客人对饭店的配品或服务不满意，他们觉得饭店亏待了他们，如果在处理过程中态度不友好，会加重他们的不满意，造成关系的进一步恶化。若态度诚恳，礼貌热情，会降低客人的抵触情绪。俗话说“怒者不打笑脸人”。

3．动作快一点

处理投诉和抱怨的动作快，可以有四方面的好处：一是让客人感觉到尊重，二是表示饭店解决问题的诚意，三是可以防止客人的负面渲染对饭店造成更大的伤害，四是可以把损失降低到最小。建议当天给客人一个初步的答复。

4．语言得体一点

客人对饭店不满，发泄时在言语方面有可能会言语过激，如果和客人针锋相对，势必恶化彼此关系。在解释问题过程中，措辞要十分注意，要合情合理，得体大方。即使客人不对，也不要直接指出，尽量用婉转的语言和客人沟通。

5．补偿多一点

客人抱怨或投诉，很大程度是因为他们的利益受到了损失，因此，客人希望获得精神上的安慰和经济物质上的补偿，如更换配品、换房、赠送水果、道歉等。让客人心满意足是补偿的原则，但也不是大送特送，让客人感受到饭店的诚意即可。

6．层次高一点

客人提出投诉和抱怨后都希望自己的问题受到重视，处理该问题的人员层次会影响客人的期待以及解决问题的情绪。如果高层次的领导能亲自为客人处理或打电话慰问，会化解客人的怨气和不满。

7．办法多一点

除了给客人慰问、道歉和经济补偿外，可以邀请客人参观饭店、参加研讨会或给予其他荣誉称号等。

案例分析

客人永远是对的——如何看待客人的投诉

一位日本客人拿着磁卡钥匙怒气冲冲地找到大堂经理质问："我刚刚入住，磁卡钥匙在前台做了两遍，可还是打不开门，你们的设备怎么这么差劲"。大堂经理与客人一同来到楼层，看到客人只把磁卡插入门锁中，而没有拔出来转动门把。

问题：如果你是大堂经理，会怎么处理客人的投诉？

应采用的做法及评析：

1. 用最快速度做一把新钥匙。
2. 要当着客人的面演示开门过程。
3. 重要的是解决问题的时候把尊严和面子留给客人。

在处理投诉时，如果是因为客人的失误而引起的误解，不能简单地埋怨客人，而应该看到自己的服务和见识还有不到位的地方。

第三节　客史档案的建立与管理

客史档案，又叫客人历史记录，是饭店为曾经光临过的客人建立的有关客人个人身份、住店次数、生活习惯、特殊要求等的详细记录。饭店为经常光顾的客人建立客人历史记录，将客人的具体生活习惯、喜欢什么颜色或何种食品饮料，喜欢什么时间清理房间、对房间布置有何具体特殊要求等都详细记录储存在电脑中，一旦客人再次来访，可将所有信息资料调出来，通知有关部门提前做好客人的接待服务工作，使客人到了饭店如同回到家里一样。

一、建立客史档案的意义

建立客史档案是饭店了解客人，掌握客人的需求特点，从而为客人提供针对性服务的重要途径。建立客史档案，一是有利于为客人提供“个性化”服务，增加人情味；二是有利于搞好市场营销，争取回头客；三是有利于提高饭店经营决策的科学性。因此，建立客史档案对提高饭店服务质量，改善饭店经营管理水平具有重要意义。

二、客史档案的类型和内容

客史档案可分为以下几种：

1．常规档案

常规档案包括客人姓名、性别、年龄、出生日期、通信地址、电话号码、公司名称、头衔等。收集这些资料有助于了解目标市场的基本情况，了解“谁是我们的客人”。

2．预订档案

预订档案包括客人的订房方式、介绍人，订房的季节、月份和日期，以及订房的类型等。掌握这些资料有助于饭店选择销售渠道，做好促销工作。

3．消费档案

消费档案包括包价类别、客人租用的房间、支付的房价、餐费，以及在商品、娱乐等其他项目上的消费；客人的信用、账号；喜欢何种房间和饭店的哪些设施等，从而了解客人的消费水平、支付能力以及消费倾向、信用情况等。

4．习俗、爱好档案

习俗、爱好档案是客史档案中最重要的内容，包括客人旅行的目的、爱好、生活习惯，宗教信仰和禁忌，住店期间要求的额外服务等。了解这些资料有助于为客人提供有针对性的“个性化”服务。

5．反馈意见档案

反馈意见档案包括客人在住店期间的意见、建议，表扬和赞誉，投诉及处理结果等。

对客服务工作中，很重要的一点就是要让客人有“宾至如归”的感觉，也就是通常所说的“亲情化服务”。真正做到这一点，对老顾客来说也许并不困难。作为管理者，应该对饭店老客户的喜好和要求有所了解，一些重要的客户可能也早已成为饭店的亲密朋友。但是，受人员流动、员工素质、培训力度和方法等诸多因素的制约，要让与老客户直接接触的一线员工都能够了解客户的情况并做到就有相当的难度。因此，如何让老客户日积月累的消费记录成为饭店经营决策的财富呢？建立一个详细和不断扩展完善的客史档案系统就显得尤为重要。

三、客史档案的建立

客史档案的建立必须得到饭店管理人员的重要支持，并将其纳入有关部门和人员的岗位职责之中，使之经常化、制度化和规范化。

客史档案的有关资料主要来自于客人的“订房单”“住宿登记表”“账单”“投诉及处理结果记录”“宾客意见书”及其他平时观察和收集的有关资料。其具体的工作流程如下：

第一步，查询客人个人资料。首先，进入电脑程序，选择相应目录可进入客人历史档案查询页面。然后选择相应程序，根据“客人登记表”输入客人姓名的第一个字母或第一个字，即可得到客人个人资料或得知有无电脑记录。

第二步，建立客人历史档案。选择电脑程序相应一项，输入客人的姓名、性别、公司名、家庭地址、邮编、国籍、城市名称、护照号码、签证号码、生日等，并将客人其他特殊要求输入备注一栏。

第三步，确认无误后点击保存。

服务提示

客史档案建设过程中要注意的问题

1. 个性化需求把握的问题

从饭店管理者的角度出发，可以通过对已有的客史消费记录进行分析，以及通过和客户的热情交流和提供细致的服务，主动搜集客户的消费习惯和消费心理，并将信息及时反馈到客史档案中。同时，在掌握了客户的个性化需求后，就可以不断地设法满足客户，这样个性化的服务才会给客户带来意想不到的惊喜，提高客户对饭店的满意度。

2. 如何衡量客户的价值

满足客户的要求和提供个性化服务，并不是不分客户、场合和时间去做，因为饭店经营服务的最终目的是获取利润，一切出发点都是为了赢利，否则服务也就成为了无源之水。因此，通过对客户的消费状况以及客户为饭店带来的价值和利润进行分析，只有给饭店带来利润最大而且忠诚度最高的那一部分才是饭店管理工作中最关键的部分，是最需要为之提供个性化服务的客户群。

案例分析

曼谷东方饭店成功的故事

企业家李先生到泰国出差，下榻于曼谷东方饭店，这是他第二次入住该饭店。次日早上，李先生走出房门准备去餐厅，楼层服务生恭敬地问道："李先生，您是要用早餐吗？"李先生很奇怪，反问道："你怎么知道我姓李？"服务生回答："我们饭店规定，晚上要背熟所有客人的姓名。"这令李先生大吃一惊，尽管他频繁往返于世界各地，也入住过无数高级饭店，但这种情况还是第一次碰到。

李先生愉快地乘电梯下至餐厅所在楼层，刚出电梯，餐厅服务生忙迎上前："李先生，里面请。"李先生十分疑惑，又问道："你怎么知道我姓李？"服务生微笑着答道："我刚接到楼层服务电话，说您已经下楼了。"

李先生走进餐厅，服务小姐殷勤地问："李先生还要老位子吗？"李先生的惊诧再度升级，心中暗忖："上一次在这里吃饭已经是一年前的事了，难道这里的服务小姐依然记得？"服务小姐主动解释："我刚刚查过记录，您去年6月9日在靠近第二个窗口的位子上用过早餐。"李先生听后有些激动了，忙说："老位子！对，老位子！"于是服务小姐接着问："老菜单？一个三明治，一杯咖啡，一个鸡蛋？"此时，李先生已经极为感动了，"老菜单，就要老菜单！"

给李先生上菜时，服务生每次回话都退后两步，以免自己说话时唾沫不小心飞溅到客人的食物上，这在美国最好的饭店里李先生都没有见过。

一顿早餐，就这样给李先生留下了终生难忘的印象。

此后三年多，李先生因业务调整再没去过泰国，可是在李先生生日的时候，突然收到了一封曼谷东方饭店发来的生日贺卡："亲爱的李先生，您已经三年没有来过我们这里了，我们全体人员都非常想念您，希望能再次见到您！今天是您的生日，祝您生日愉快！"

李先生当时热泪盈眶，万分激动……

分析：

虽然泰国的经济在亚洲算不上最发达，但泰国的曼谷东方饭店却堪称"亚洲饭店之最"，几乎天天客满，入住更是需要提前预订。

是什么令曼谷东方饭店对大都来自西方发达国家的客人充满如此魅力？仅仅因为泰国的旅游风情吗？抑或是其独到的歌舞表演？都不是，其征服人心靠的是几近完美的客户服务，靠的是一套完善的客户管理体系。

思考与练习

1. 饭店在处理客人投诉时，应把握什么处理原则？
2. 引起客人投诉的主观原因有哪些？
3. 请简述处理投诉的操作流程。
4. 在日常工作中，应该如何收集客史资料、建立客史资料和利用客史资料？
5. 在实际工作中，如何运用客史资料来为客人创造惊喜服务的？

第七章 前厅部信息管理

饭店的对客服务是一项整体的工作，不是某一个部门或某一个人就可以完成的，所以对客服务的成功与饭店各部门之间的信息沟通、协调合作是密不可分的。前厅部是饭店的“神经中枢”，是饭店信息的集散地，该部门与其他部门的信息沟通将直接影响到饭店的正常运行和对客服务的质量。另外，前厅部是饭店业最早实现信息化的部分之一，先进的信息管理系统包括了客户资料管理、业务管理、账务管理、客房管理等方面，大大提高了饭店员工的工作效率和对客服务质量。

学习目标

- ☆ 了解前厅部与其他部门之间信息沟通的内容。
- ☆ 掌握部门之间信息沟通的渠道。
- ☆ 了解常见的饭店前厅部信息管理系统。

第一节　前厅部与其他部门的信息沟通

从饭店的具体工作来看，饭店的许多服务工作都需要不同部门的员工相互配合，共同协作完成。以前厅接待为例，前厅接待涉及了前厅部、客房部、营销部、工程部及安全部等部门，单靠前厅一个部门是不能很好地完成接待任务的。而从顾客角度来看，服务对顾客来说是一个整体概念，饭店中不同部门、不同员工为顾客提供的服务都是顾客对本饭店服务质量感受的组成部分，任何环节的缺失都会破坏服务的整体效果。因而，饭店有必要加强部门间的信息沟通，做好部门间的协作和支持。

一、前厅部沟通与协调的主要部门

前厅部沟通与协调的主要部门如图 7—1 所示。

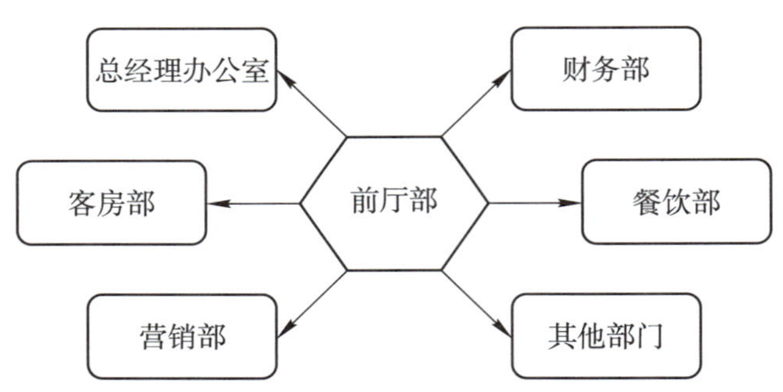

图 7—1　前厅部沟通与协调的主要部门

1．前厅部与营销部之间的沟通协调

饭店营销部对长时期的、整体的销售，尤其是团体／会议的客房销售负责；而前厅部则对零星散客，尤其是当天的客房销售负责。

（1）双方进行来年客房销售预测前的磋商。

（2）营销部将已获准的各种预订合同副本递交前厅部客房预订处。

（3）营销部将团队／会议客人的预订资料及用房变动情况资料及时递交前厅部客房预订处。

（4）前厅部以书面形式向营销部通报有关客情信息，如“一周客情预报表”“翌日抵店客人一览表”“VIP、团队、会议一览表”等。

（5）前厅部向营销部了解团队/会议活动的日程安排情况等，以便解答客人的询问及提供所需的服务。

2．前厅部与客房部间的沟通协调

（1）递交“一周客情预报表”“贵宾接待通知单”“在店贵宾、团队表”“翌日抵店客人名单”“预期离店客人名单”等，以书面形式将客情信息通报客房部（或客房中心）。

（2）及时通报客人入住和退房情况，可借助于直拨电话。

（3）团队/会议客人抵店前，递交“团队、会议用房分配表”，以预留好客房。

（4）递交“特殊要求通知单”，以通知客人对客房及有关服务的要求。

（5）递交“客房、房价变更通知单”，以通知客人用房的变动情况。

（6）递交有关客房状况的报告，以协调好客房销售（前厅部职责）与客房管理（客房部职责）之间的关系。

（7）客房部应及时将走客房内所发现的客人遗留物品情况通知前厅。

（8）客房部应根据指令派楼层服务员探视那些对叫醒无反应的客人。

（9）客房部应及时向前厅通报客房异常情况。

（10）客房部应安排楼层服务员协助前厅部行李员运送抵店的团队行李（尤其是住客不在客房时）。

（11）前厅部应积极参与客房清理保养质量的检查。

（12）前厅部与客房部应互相进行交叉培训。

3．前厅部与餐饮部间的沟通协调

（1）每周递送“客情预报表”。

（2）每天以书面形式通报有关客情信息。

（3）以书面形式通知预订客人的用餐特殊要求及房内布置要求（鲜花、水果篮等）。

（4）掌握餐饮部各营业点的服务内容、服务时间及最新收费标准。

（5）协助餐饮部向客人发放餐饮推销活动的各类宣传资料，如饭店在中秋节举办“迎月”“赏月”“追月”的促销活动资料。

（6）从餐饮部宴会预订处获取“宴会/会议活动安排表”，以帮助促销。

4．前厅部与财务部间的沟通协调

为确保客房收入的及时回收，前厅部应搞好与财务部，包括前厅收银处之间的沟通协调。

（1）前厅部递交已抵店散客的账单、登记表及压印好的信用卡签购单（客人以信用卡支付的）。

（2）前厅部递交已抵店团队客人的主账单。

（3）递送“客房、房租变更通知单”“长途电话收费单”“预期离店客人名单”“在店客人名单”等客情信息资料。

（4）每日就客房营业情况的夜审进行细致核对，确保准确。

（5）就信用限额、预付款、超时房费收取、已结账客人挂拨长途电话时再次收费等进行有效协调。

5．前厅部与总经理办公室间的沟通协调

（1）定期呈报“客情预报表”。

（2）递交“贵宾接待规格审批表”及“贵宾接待通知单”。

（3）每日以书面形式通报有关客情信息。

（4）饭店免费、折扣、定金、预付款、客房信用政策、客房销售政策的呈报与批准。

（5）转交有关邮件及留言等。

（6）了解总经理的值班安排及去向，以提供传呼找人服务。

6．前厅部与其他部门间的沟通协调

（1）递送“维修通知单”（工程部）。

（2）沟通协调客房钥匙遗失后的处理信息（工程部、保安部）。

（3）了解各部门经理的值班安排及去向。

（4）出现突发事件时的沟通协调。

（5）前厅部新员工的上岗培训（配合人事部、培训部进行），以确保应有的对客服务水准。

二、信息沟通与协调的渠道

前厅部与其他部门之间能否进行有效的信息沟通，不仅取决于沟通的方法是否已被熟练掌握，更主要取决于各级管理人员是否都已具备整体意识和团队精神，彼此是否能够尊重与体谅、能否时刻提防和及时清除影响信息有效沟通的障碍。

信息沟通协调的方法和渠道多种多样，可视具体情况而灵活运用。常见的饭店信息沟通协调渠道见表7—1。

表7—1　　常见的饭店信息沟通协调渠道

渠道	作用
电脑系统	电脑系统能迅速精确地收集统计、分析处理、储存、传输与显示各类数据，已成为饭店沟通与协调的一个重要手段

续表

渠道	作用
报表、工作报告与内容行文	报表包括各种营业统计报表、管理报告、出租率分析等；工作报告包括按管理层次逐级呈交的工作报告；内容行文指饭店内部上下级之间、部门与部门之间沟通信息的内部通知，内容可包括工作指示、请示、汇报、要求等
工作日志	前厅部各分部、各班次都要建立工作日志制度，主管每天必须完成工作日志，把当班工作中发生的重大问题、事项记录下来，尚未处理完的事情和需要下一班继续做的事等也写在工作日志上，下一班要负责跟办，直到处理完毕。它是记录客人活动情况、留言等的备忘录，也是工作人员之间的联系本
会议	会议（包括基层部门的班前、班后短小的例会）是通过联络及时传递信息的有效手段。会前在做好充分准备，议而有决，开短会，做好会议记录
聚会和举办团体活动	不定期举办各种形式的活动、气氛亲切轻松的聚会或郊游，创造自由轻松和互相接触了解的机会

案例分析

电梯“关人”事件

日本客人山本兴冲冲地乘上饭店的 3 号客梯回房。同往常一样，他按了标有 30 层的键，电梯迅速上升。当电梯运行到一半时，意外发生了，电梯停在 15 楼处不动了。山本一愣，他再按 30 键，没反应，山本被“关”在电梯里了。无奈，山本只得按警铃求援。1 分钟、2 分钟……10 分钟过去了，电梯仍然一动不动。山本有点不耐烦了，再按警铃，仍没得到任何回答。无助的山本显得十分紧张，先前的兴致全没了，疲劳感和饥饿感一阵阵袭来，继而又都转化为怒气。大概又过了 10 多分钟，电梯动了一下，门在 15 楼打开了，山本走了出来。这时的山本心中十分不满，在被关的 20 多分钟里，他没有得到店方的任何解释和安慰，出了电梯又无人应接，山本此时愤愤然再乘电梯下楼直奔大堂，在大堂副理处投诉……

大堂副理首先向山本表示歉意，请客人在大堂喝杯饮料稍作休息，同时联系客房部与工程部经理了解情况。其实，当电梯发生故障后，饭店很快就采取了抢修措施，一刻也没怠慢。电梯值班工小柏得知客人被“关”后，放下刚刚端起的饭碗，马上赶到楼顶电梯机房排除故障，但电梯控制闸失灵，无法操作。小柏赶紧将电梯控制闸“自动状态”转换到“手动状态”，自己就赶到 15 楼。拉开外门一看，发现电梯却停在 15～16 楼之间，内门无法打开。为了使客人尽快出来，小柏带上工具，爬到电梯轿厢顶上，用手动操作将故障电梯迫降到位，终于将门打开，使客人安全地从客梯里出来。从发生故障到客人走出电梯共 23 分钟。23 分钟对维修工来说，可能已经是竭尽全力，而对客人来说，这 23 分钟则是难熬而漫长的。

分析：

这起电梯“关人”事件引起客人投诉，问题在于饭店内各部门之间的协调和配合不够。主要反映在以下三点：

第一，缺少与客人的沟通。沟通是饭店管理最基本的手段，与客人的沟通是尤为重要的一环。倘若在接到电梯故障报警后，饭店能以最快的速度与客人沟通，告诉他：“我们已经知道发生故障，现正在排除，请稍候。”这样客人感到他受重视，处于被人保护的安全环境之中，也不会因为被“关”住而怒气冲冲了，即使排除故障时间稍长一点也会谅解。

第二，前、后台配合不够默契。饭店部门之间的相互配合，是使饭店处于良好管理状态的重要保证。前台和后台由于分工不同，工作性质也有差异，如果配合不好，彼此缺乏沟通，各自为政，往往会影响整个饭店大系统的良性循环，造成不良后果。在本案例中，如果最先得知电梯发生故障的前厅门卫，在通知工程部之后，立即把消息传递给副理或公关部人员，让他们去与客人对话，这样也可及时解除客人的紧张感和恐惧感。如果后台负责修理电梯的工程部能与前台沟通，相互配合，一面修电梯，一面与客人联系，随时通报修理情况，适当作些安慰，共同处理好这起“关人”事件，那么许多不愉快就不至于发生了。

第三，缺乏对客人的关心。尽力不尽心，只限于做好分内的事，而恰恰缺少饭店工作最重要的一点：对客人的关心。工程部小柏工作态度很积极，饭也顾不上吃，跑上跑下排除故障，其操作程序也符合部门的规定，但他就是没想到通过机房的对讲机与客人通话，或安慰，或通报维修进展；前台也一样，通知工程部维修电梯就完事了，没有想到赶到现场去与客人取得联系。出现这些问题的原因在于是对客人关心不够。

第二节　前厅部信息管理系统

PMS（Property Management System，饭店前厅部信息管理系统），主要包括客户（资料）管理、客房管理、业务管理（包括预订、入住、在住、离店等）、账务管理和接口管理功能，是饭店日常经营的基础。熟练掌握PMS操作、理解

PMS 运作与饭店管理的关系，是饭店前厅部管理人员和基层员工必须具备的技能。在国外，美国 ECI 公司最早使饭店前台业务实现了计算机管理，主要包括了预订、排房、结账、客史资料、餐厅、查询、夜审及市场分析等。以下简单介绍国内外使用较多的 PMS 软件系统。

一、常见国外 PMS 系统

1. ECI（EECO）饭店系统

ECI 系统是美国易可（ECI）电脑公司最早于 1969 年开发的饭店信息系统，被全世界公认为饭店电脑系统的翘首。ECI 公司是美国加州电子工程公司（Electronic Engineering CO.，简称 EECO）所属的子公司，因此该软件也称 EECO 系统。1970 年，在美国夏威夷的喜来登饭店安装了全世界第一台 ECI 饭店电脑系统。经过 20 年发展，在其鼎盛时期，全世界有 600 多家用户（中国有 60 余家），如杭州香格里拉、桂林文华、广州中国大饭店、北京天伦、青岛海天等。ECI 系统采用的是集中式标准多用户系统，目前已被淘汰，还在使用的是其第三代产品 GEAC/UX 系统。

2. HIS 饭店系统

饭店业资讯系统有限公司（Hotel Information Systems，简称 HIS）于 1977 年成立，总部位于美国洛杉矶，目前是美国上市公司 MAI Systems Corporaion 的全资公司。全盛时期在全世界 80 多个国家拥有 4 000 多家用户，如中国的北京王府、北京中国大饭店、北京长城、上海锦江、上海华亭、上海希尔顿、广州花园、浙江世贸中心等，而香港采用 HIS 系统的高星级饭店最多时占了 75% 左右。目前该系统已有许多被更换。2008 年 Softbrand 收购 HIS，2009 年 Softbrand 被美国 Infor 公司收购，2010 年 Infor 公司推出全新的 HMS，在原有的基础上进行了颠覆性的革新。

3. Fidelio 饭店系统

Fidelio Software GmbH 于 1987 年 10 月在德国慕尼黑成立，成立四年即成为欧洲领先的饭店软件产品，成立六年跃居世界饭店信息系统供应商之首，后来该公司合并入美国 Micros System Inc. 公司。目前已经在全球 16 000 余家饭店、豪华游艇和休闲别墅使用，在国内四星级以上市场占有 40% 左右的市场份额；在五星级饭店市场，占有超过 70% 的市场份额，而且是目前外资或外方管理的饭店采用最多的软件。1995 年公司在香港成立了 Fidelio Software（China）Limited，专门开发中国大陆市场，1996 年 8 月在北京注册了办事处，1997 年 7 月在上海成立办事处，1998 年 12 月成立上海分公司。自 2003 年 7 月，MICROS 公司与北京中长石基信息技术股份有限公司（以下简称石基公司）签订中国大陆市场（不包括香港、澳门、台湾）独家技术许可协议，石基公司全面代理了MICROS公司Fidelio和OPERA在中国大陆的全部销售。

4．OPERA饭店系统

OPERA系统是美国MICROS公司在MICROS—Fidelio系统的基础上开发的新版本，作为企业级软件解决方案（OPERA Enterprise Solution），包含了OPERA前台管理系统（OPERA Property Management System）（见图7—2）、OPERA销售宴会系统（OPERA Sales & Catering）、OPERA物业业主管理系统（OPERA Vacation Ownership System）、OPERA工程管理系统，以及OPERA中央预定系统（OPERA Reservation System）、OPERA中央客户信息管理系（OPERA Customer Information System）和OPERA收益管理系统（OPERA Revenue Management）等。其中OPERA前台管理系统是其核心部分，简称OPERA PMS。它可以根据不同饭店之间运营的需求多样性，来合理地设置系统以贴合饭店的实际运作；并且除单体饭店模式外，还提供多饭店模式，通过一个共享的数据库，为多个饭店进行数据存取甚至相互访问。这一模式有助于饭店集团化的精英，在国际饭店集团的使用非常普遍。除了针对饭店集团和高星级饭店的OPERA以外，MICROS公司还开发了精简版的OPERA EXPRESS，其缩减了一些高端功能以适合小规模的商业运营，节约使用成本。

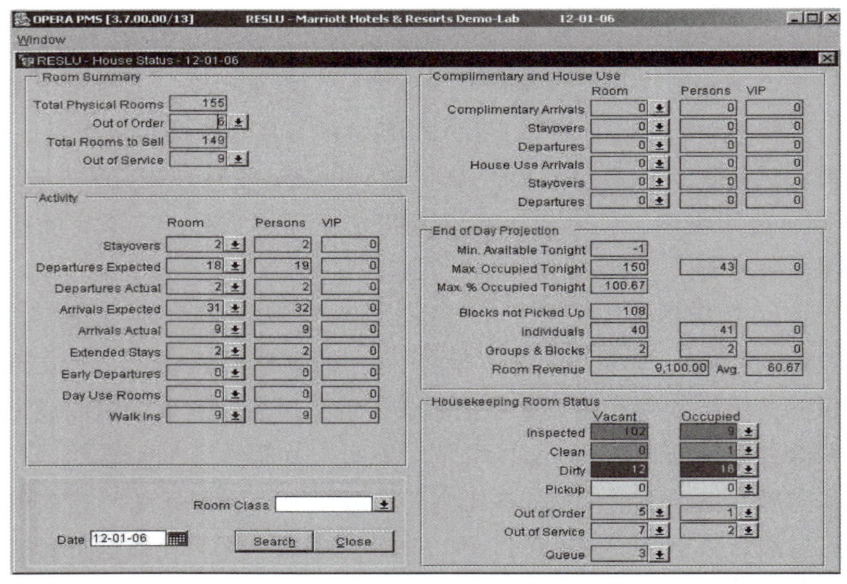

图7—2　OPERA前台管理系统界面

5．Sinfonia

2006年，石基公司北京信息购得Fidelio V7源码，与Micros—Fidelio共享版权。2009 年，石基公司推出 Sinfonia Version 1.0，Sinfonia 是在 Fidelio 的基础上针对中国用户做出了重新开发。

二、常见国产 PMS 系统

1. 华仪软件

1979 年清华大学教授金国芬为北京前门饭店开发了一个具有查询功能的饭店管理软件，开创了国内饭店管理的先河；1986 年开发了华仪饭店管理系统——国内第一套自主研发的饭店计算机管理系统；1987 年成立华仪公司，2012 年更名为北京航信华仪软件技术有限公司，目前最新版本 HY.COM 版本。

2. 西湖软件（FOXHIS）

1993 年 6 月杭州西湖软件有限公司成立，研发了西湖软件（即 Foxhis 系统），目前最新版为 X5 版，成为最大的国产饭店信息系统公司。公司于 2006 年 12 月 18 日与 Fidelio 和 OPERA 系统的国内代理商石基公司合并。西湖软件现有 R 系列、X 系列、C 系列和 SMART 系列。

3. 中软好泰

北京中软好泰饭店计算机管理系统工程有限责任公司（以下简称中软好泰公司）成立于 1995 年，研发了中软好泰系统 CSHIS。2008 年中软好泰公司被携程旅行网收购。中软好泰的产品有集团版（适用于连锁饭店）、国际版（适用于高星级饭店）、企业版（适用于中高端饭店）、专业版（适用于中端饭店）、赛斯版（适用于经济型饭店）。

4. 千里马饭店管理系统

千里马饭店管理系统最初由广东劳业电脑系统开发公司于 1993 年推出 DOS 版，1998 年推出 WINDOWS 版，其饭店用户主要分布在广东、湖北、湖南、四川等省份。劳业公司于 1998 年被香港万达电脑系统有限公司收购，改名为广州万迅电脑软件有限公司。

5. 泰能软件

1993 年，清华大学博士倪源滨先生创办了泰能公司，1994 年推出 Windows 版饭店管理系统，1996 年推出 Windows 95 版饭店管理系统，1999 年推出饭店管理系统 THIS2000。2006 年，泰能公司重组，成立北京泰能软件有限公司，同年整合上海沪泰信息科技有限公司。

三、Sinfonia PMS 操作界面概览

1. 新建客户资料（Profile）

点击 Sinfonia PMS 菜单栏中的“Reservation”，选中“Profile”，可新建客户

资料。如图 7—3 所示。

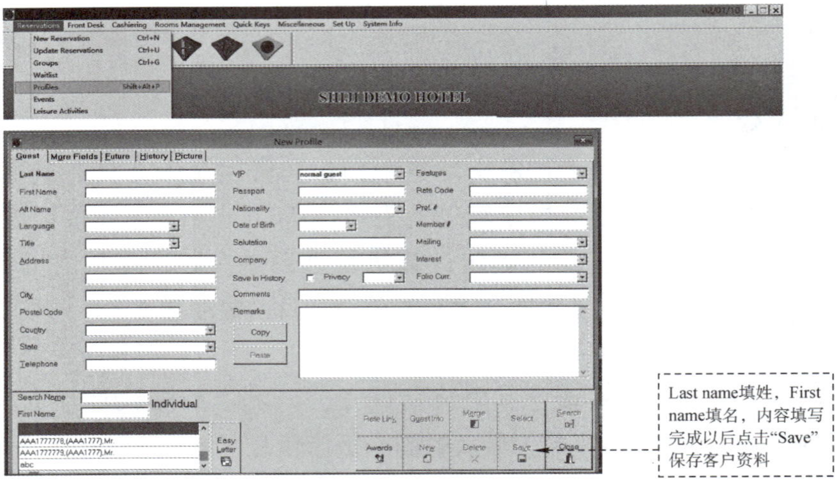

Last name填姓，First name填名，内容填写完成以后点击“Save”保存客户资料

图 7—3　新建客户资料

2. 新建预订（New reservation）

点击 Sinfonia PMS 菜单栏中的“Reservation”，选中“New reservation”，可为客人办理客房预订手续。如图 7—4 所示。

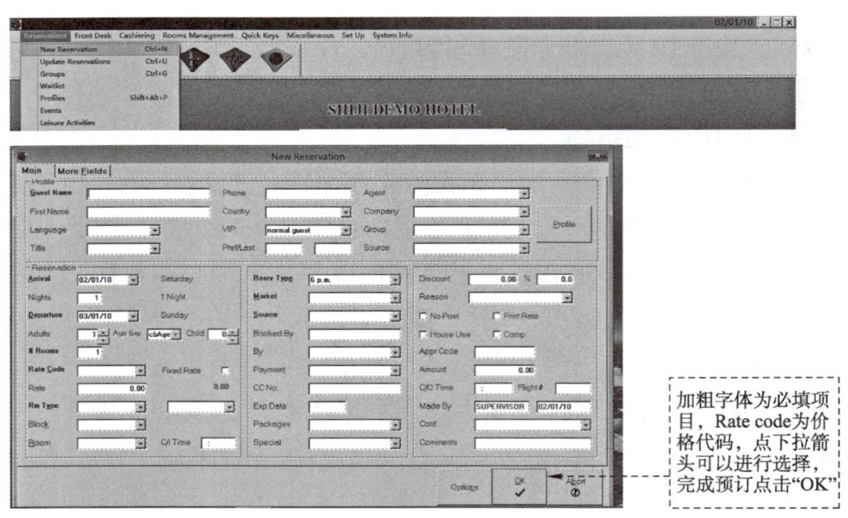

图 7—4　新建预订

3. 查询预抵店客人名单

点击 Sinfonia PMS 菜单栏中的“Front Desk”，选中“Arrivals”查询客人的预订单。如图 7—5 所示。

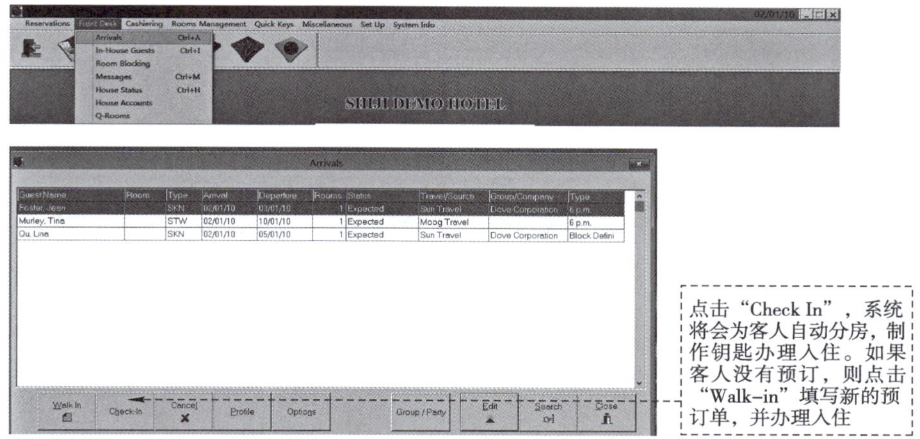

图 7—5　查询预抵店客人名单

4．查询房态概况

点击 Sinfonia PMS 菜单栏中的“Front Desk”，选中“House Status”可查询客房状态。如图 7—6 所示。

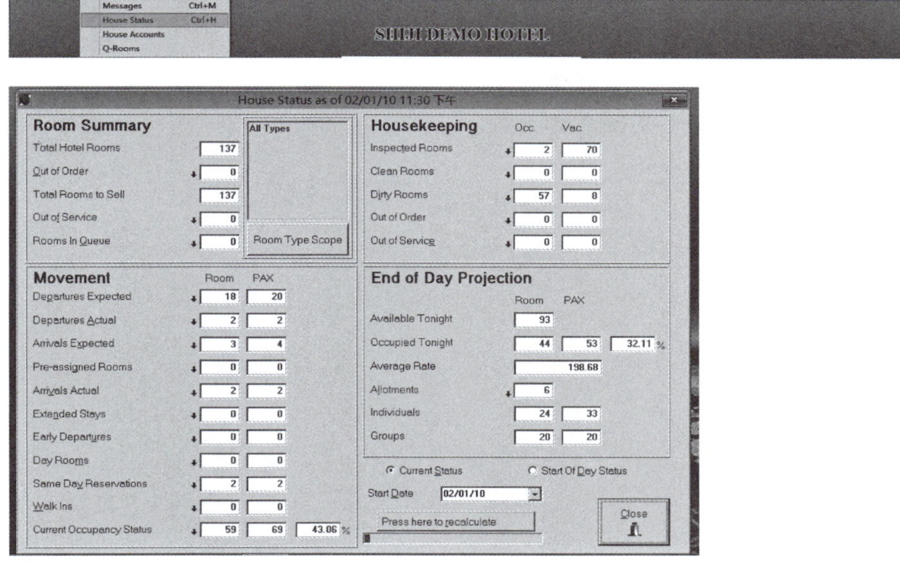

图 7—6　查询房态概况

5．查询客人账单

点击 Sinfonia PMS 菜单栏中的“Cashiering”，选中“Billing”可查询客人账单，并为客人办理离店结账手续。如图 7—7 所示。

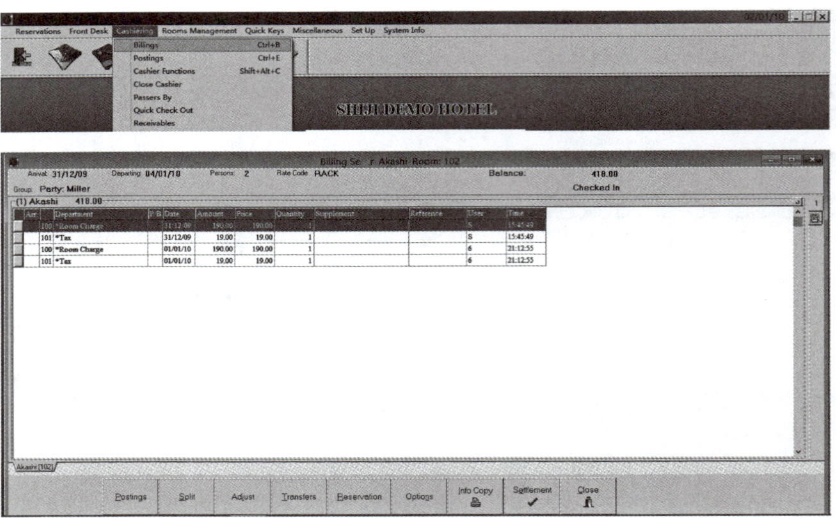

图 7—7　查询客人账单

思考与练习

1. 前厅部与客房部沟通协调的内容有哪些？
2. 前厅部与销售部沟通协调的内容有哪些？
3. 国外常见的 PMS 系统有哪些？
4. 国内常见的 PMS 系统有哪些？